STEPHAN KRASS
RADIOZEITEN
ZU KLAMPEN

Reihe zu Klampen Essay
Herausgegeben von
Anne Hamilton

Stephan Krass,
geboren 1951, war bis 2017
Redakteur beim Hörfunk des SWR in
Baden-Baden. Er ist Autor von Features
und Hörspielen, aber auch literarischen
Texten, in denen er sich bevorzugt mit
Sprachspielen beschäftigt. Verschiedene Lehraufträge führten ihn an Hoch-
schulen im In- und Ausland. Seit 2015
hat er eine Honorarprofessur für literarische Kunst an der HfG Karlsruhe inne
und ist Lehrbeauftragter an der
Universität Hildesheim.

STEPHAN KRASS

Radiozeiten

Vom Ätherspuk zum Podcast

zu Klampen ESSAY

Inhalt

An- und Abwesende

Stimmen im Raum

LAUTLOS schnellt der automatische Sendersuchlauf
auf der Skala der Zeitgeschichte vor und zurück, ar-
retiert in unregelmäßigen Intervallen und entrollt
so vor unseren Augen und Ohren eine Collage aus
Stimmen und Audio-Clips, die 100 Jahre Rundfunk-
historie wie in einer *Time-Machine*-Revue passieren
lassen. Die Stationen im Wellenspektrum, durch die
unser kleiner Zapping-Parcours führt, haben sich um
jene Frequenzen auf der Skala der laufenden Ereignisse angesiedelt, die wir für unsere Betrachtungen
über das Radio in den engeren Fokus nehmen wollen. Die ganze Bandbreite der Sendungen einzufan-
gen, die das Radio im Laufe seiner Geschichte durch
den Äther geschickt hat, würde den Frequenzbe-
reich, auf den wir uns konzentrieren wollen, spren-
gen. Unser Cursor steuert auf der Programmpalette
jene Signale an, die die »große Kulturmaschine
Funk« (Alfred Andersch) seit den Anfängen des
Radios in der Weimarer Republik ausgesendet hat.
Wenn andere Programme kursorisch gestreift werden,
entspricht das durchaus dem Prinzip eines Mediums,
das neben dem Einschalten und dem Abschalten
auch das Umschalten und das Zappen kennt.[1]

---

1 Auf dieses Prinzip verstand sich auch der Radiohörer und
-autor Arno Schmidt: »*Tiefste Nacht: >Ma sehn, was wir im Radio*

Dabei ist die tastende Suchbewegung des Cursors ein rein technischer Vorgang. Er erfolgt durch einen elektronischen Impuls der Fernbedienung. Auf Knopfdruck erscheint die Senderkennung auf dem Display, und der Raum füllt sich mit Stimmen. Diese Stimmen sind körperlos, und sie verfügen über die irritierende Eigenschaft, auch dann präsent zu sein, wenn niemand im Raum ist. Der Apparat ist autark, er verlangt unsere Anwesenheit nicht. Er muss nicht einmal eingeschaltet werden. Auch wenn er ausgeschaltet ist, läuft das Programm. Nur bleiben die Stimmen dann unerhört. Von der Irritation, die durch die Trennung von Körper und Stimme entsteht, weiß auch der Moderator ein Lied zu singen. Aus der Einsamkeit der Sprecherkabine erreicht seine Suche nach einer Antwort unser Ohr. »Darf ich Sie fragen, verehrte Damen, verehrte Herren, was geht in Ihnen vor? Sie sitzen da irgendwo, allüberall in ihren erleuchteten Häusern, vertrauen sich einer vom Äther hereinfallenden Stimme an und können mir keine Antwort geben (…) Was geht in Ihnen vor?«[2]

Radio ist ein Exerzitium für Abstraktionskünstler. Es macht sein Personal unsichtbar. Wer Spaß

---

kriegen?‹: der rote Balken strich langsam die Skala.«, in: *Das steinerne Herz*, Bargfelder Ausgabe Werkgruppe I. Frankfurt/Main 1987, S. 157.

2 Zit. nach: Rainer Niehoff, *Nachkriegsbarock oder die Wiederentdeckung der Heiterkeit. Der Romancier Wolf von Niebelschütz*. SWR 2 Essay 27.06.2016, 22:05–23:00 Uhr.

an paradoxen Formulierungen hat, könnte sagen: Das Radio versammelt lauter Abwesende in einem imaginären Raum. Dieser Raum ist ein Hör-Raum, seine Schwingungen bestehen aus Stimmen, Klängen, Geräuschen. Nur ist dieser Raum nicht wie ein Kino- oder Theatersaal konkret eingrenzbar oder durch unmittelbar physische Anwesenheit definiert. Den Erfahrungsraum des Radios konstituiert ein Apparat, der über die technische Fähigkeit verfügt, akustische Signale aufzufangen und wiederzugeben. Deren Absender aber sieht man nicht. Wer spricht oder was da tönt, bleibt unsichtbar. Das ausgesendete akustische Signal wird von seiner Quelle getrennt und technisch übermittelt. »Drahtlos wird etwas übertragen, durch ein Nichts, und erreicht doch alle, die einen ›kleinen Kasten‹, wie es im Lied von Bert Brecht heißt, haben.«[3] Wir müssen uns also ganz auf das verlassen, was wir hören. Und auch dann wissen wir noch nicht, ob das Signal, das uns da erreicht, live oder konserviert, in Echtzeit übermittelt oder aufgezeichnet ist, ob die Quelle oder der Tonträger nicht bereits ganz andere Impulse senden oder an dem genannten Ort, von dem das Signal abgeschickt wurde, gar nicht mehr anwesend sind. So präsent das Radio auch erscheinen mag, es ist ein Medium, das Abwesenheit,

---

3 Ute Holl, *Zukünfte des Radios*, in: *Der Ohrenmensch* (Ausstellungsbroschüre *Radiophonic Spaces*, Haus der Kulturen der Welt). Berlin 2018, S. 5.

Absenz organisiert und eine ständige Herausforderung an unser Abstraktionsvermögen darstellt. In dem »Versuch einer Sendespiel-Groteske« mit dem Titel *Zauberei auf dem Sender* von Hans Flesch, die am 24. Oktober 1924 vom Südwestdeutschen Rundfunkdienst in Frankfurt ausgestrahlt wurde und als das erste Hörspiel gilt, wird die Abwesenheit in der Inszenierung direkt thematisiert: »Sag mal, hältst Du das für möglich – kann das sein?« »Was?« »Nun, dass eine Musik erklingt, ohne dass jemand spielt. Kannst Du das verstehen?«[4]

Diese merkwürdige Diskrepanz, dass konstant etwas suggeriert wird, was unmittelbar nicht verifiziert werden kann, sondern – im doppelten Wortsinn – angenommen werden muss, die künstliche Trennung von Senden und Empfangen, von Stimme und Ohr, von Geräusch und Wahrnehmung, von akustischem Signal und seiner Quelle, dieses stete Navigieren im Als-ob, müsste aus den Hörerinnen und Hörern eigentlich eine verunsicherte Äthergemeinde machen, die ihren Ohren nicht mehr traut. Wenn dem nicht so ist, hängt das vielleicht mit einer Art Urvertrauen zusammen, das der Mensch als Hörer früh ausprägt. Lange bevor er zum ersten Mal die Augen aufschlägt und sein Seh-Sinn erwacht, hat er vor der Geburt den Mutter-

---

4 https://hoerspiele.dra.de/pdf/3144172M01.pdf, verifiziert am 24.06.2022.

leib als akustischen Raum wahrgenommen. Später wird er die Erfahrung machen, dass man die Augen schließen kann, die Ohren aber nicht.

Betrachtet man derweil die letzten hundert Jahre, so arbeitet das Radio mit seiner besonderen Fähigkeit, Abwesendes miteinander zu verschalten, asynchrone Zeitfenster aufzustoßen und dislozierte akustische Räume zu durchmessen, durchaus erfolgreich an dem Paradox, das es selbst in die Welt gebracht hat: Radio verlangt von seinen Zuhörerinnen und Zuhörern, dass sie eine Vorleistung erbringen und sich entgegen ihrer Alltagserfahrung auf diese Als-ob-Situation einlassen. Obwohl sein Betriebsgeheimnis in einen Rest von Magie gehüllt ist, erreicht das Radio eine hohe Authentizität.

Akusmatiker – Zuhörer – wurde eine Gruppe von Schülern des Philosophen und Mathematikers Pythagoras genannt, der seine Lehre nicht schriftlich festgehalten hat, sondern in freier Rede dozierte. Einer Legende zufolge soll er dabei hinter einem geschlossenen Vorhang zu seiner Gefolgschaft gesprochen haben, damit diese nicht durch seine äußere Erscheinung abgelenkt wurde und sich ganz auf den Inhalt seiner Mitteilungen konzentrieren konnten. So gelangten die akustischen Signale, die seine Stimme aussendete, an das Ohr seiner Gemeinde, ohne dass diese den Urheber der Tonsignale mit eigenen Augen hätte identifizieren können. Ganz so wie die Stimme im Radio, die nicht hinter einem Vorhang, sondern aus dem Raum hinter der Stoffbespannung eines Lautsprechers zu uns spricht. Wir sehen den Träger der Stimme nicht, aber hören, was sie sagt. Radio Pythagoras sendete schon im fünften vorchristlichen Jahrhundert. Auf die technische Transformation jenes Prinzips, bei dem das Tonsignal von seiner Quelle abgekoppelt wird, mussten die Akusmatiker noch zweieinhalbtausend Jahre warten.

»Verehrte An- und Abwesende!« Mit dieser Begrüßung begann Albert Einstein seine kurze Ansprache auf der 7. Deutschen Funkausstellung am 22. August 1930. Damit war das Radio-Paradox für das Publikum auf dem Ausstellungsgelände am Berliner Funkturm und für die im ganzen Land verstreuten Hörerinnen und Hörer an den Empfangsgeräten auf eine eingängige Formel gebracht. Zu diesem Zeitpunkt gab es in Deutschland bereits ein flächendeckend funktionierendes Rundfunksystem, und so würdigte Einstein in seiner Grußadresse vor allem die Verdienste jenes »Heeres namenloser Techniker, welche die Instrumente des Radio-Verkehres so vereinfachten und der Massenfabrikation anpassten, dass sie jedermann zugänglich geworden sind«.[5]

Im Jahr 1930 ist dieser »Radio-Verkehr« sieben Jahre alt, der Ausbau der deutschen Rundfunksen-

---

5 https://www.einstein-website.de/z_biography/redefunk ausstellung.html, verifiziert am 24.06.2022.

der zu Großsendern von 100 kW hat gerade begonnen, und das Programm der Salzburger Festspiele wird erstmalig von 52 Sendern mitgeschnitten und ausgestrahlt. In Deutschland kommt man derweil auf eine Zahl von mehr als drei Millionen Radiohörerinnen und Radiohörern, Tendenz steigend. Um mehr Mobilität beim Hören zu gewährleisten, beginnt die Rundfunkindustrie gerade, Lautsprecher in die Empfangsapparate einzubauen, um die lästigen Kopfhörer überflüssig zu machen. Wenige Wochen zuvor, am 25. Dezember 1929, konnte im Rahmen eines Programmaustausches mit den USA die erste transatlantische Radio-Kooperation vermeldet werden, als der Sender NBC ankündigte, das deutsche Weihnachtsprogramm zu übernehmen. Die Welt ist kleiner geworden.

Sieben Jahre war es zu diesem Zeitpunkt her, dass am 29. Oktober 1923 die Übertragung des ersten offiziellen Rundfunkprogramms in Deutschland vom Obergeschoss des Berliner Vox-Hauses in der Potsdamer Straße 4 mit Hilfe eines provisorisch konstruierten Röhrensenders erfolgt war. Knapp drei Jahre zuvor, am 22. Dezember 1920, wurde vom Funkerberg in Königswusterhausen die erste singuläre Radiosendung – ein weihnachtliches Rundfunkkonzert – übertragen, bei der ein Lichtbogensender eingesetzt wurde, auf dessen elektromagnetischen Wellen Sprache und Musik in die Welt geschickt wurden. Jetzt aber machen die Berliner Radiopioniere um Hans Bredow, Ministerialdirektor im

Reichspostministerium,[6] und den Schauspieler und Reporter Alfred Braun ernst und gehen mit einem regulären Programm auf Sendung. Aus dem Himmel über Berlin meldet sich eine Stimme. »Achtung. Achtung«, lautet die Ansage, »hier ist die Sendestelle Berlin im Vox-Haus auf Welle 400 Meter.«[7] Mit dieser Stationsansage, die in einem Dachzimmer, dessen Wände mit Krepp-Papier und Stoff decken schalldicht abgehängt waren, über eine große Drahtantenne auf dem Dach des Vox-Hauses in den Äther geschickt wurde, kündigte sich die *Funk-Stunde* an. Die Stimme gehörte Friederich Georg Knöpfke, der in diesem Moment nicht nur die Geburtsstunde des Rundfunks in Deutschland

---

6 Der Gefreite Hans Bredow hatte bereits 1917 mit einem Prototypen des Radios experimentiert. Der Medientheoretiker Wolfgang Hagen berichtet: Bredow »steht nun auf den eben noch umkämpften Schlachtfeldern und macht mit einer kleinen Einheit Radio, d.h. Wort, Musik, Grammophon und Geige auf abgestimmten Frequenzen. Bredow lässt sogar ein Empfangsgerät in ein Auto einbauen, worin er dann Graf Arco und Major Sachs auf dem Versuchsfeld in der Champagne, in der Umgebung von Tausender gefallener Soldaten, spazieren fährt, und im Auto hören die drei: Grammophonmusik und nette Grußworte aus der nahegelegenen Experimentierbaracke. Diese Eigenmächtigkeit, begangen mitten in den Stellungsschlachten an der Westfront, bringt Bredow wenig später vor ein Kriegsgericht. Aber da ist der Krieg schon zuende und man spricht ihn frei.« (Wolfgang Hagen, *Das Radio. Zur Geschichte und Theorie des Hörfunks – Deutschland/USA*, München 2005, S. 65 f.)

7 https://www.swr.de/swr2/wissen/archivradio/achtung-achtung-so-begann-die-erste-rundfunksendung-102.html, verifiziert am 24.06.2022.

14

ausgerufen, sondern auch einen neuen Berufsstand aus der Taufe gehoben hatte – den des Radiosprechers. Noch weit über die Anfangsjahre hinaus war dieses Berufsbild eindeutig männlich bestimmt. Hinter der *Funk-Stunde* stand die 1922 gegründete und privatwirtschaftlich betriebene *Gesellschaft für drahtlose Belehrung und Unterhaltung mbH* mit dem Namen *Deutsche Stunde.* Mit der aus heutiger Sicht eher seltsam anmutenden Bezeichnung *drahtlose Belehrung* glaubte man, die technische Innovation, die das neue Medium Rundfunk darstellte, und den pädagogischen Impuls der Volkserziehung auf einen Nenner zu bringen.

In der BZ am Mittag erschien am 30. Oktober 1923 ein Artikel, der die Ereignisse des denkwürdigen Vorabends noch einmal rekapitulierte: »Drei Minuten vor acht Uhr. Alles versammelt sich im Senderaum. Erwartungsvoll beobachtet man das Vorrücken des Zeigers der Uhr. Acht Uhr! Alles schweigt. In das Mikrophon ertönen nun die Worte: ›Achtung! Achtung! (...) Wir bringen die kurze Mitteilung, dass die Berliner Sendestelle Vox-Haus mit dem Unterhaltungsrundfunk beginnt.‹«[8] Die erste Sendung umfasste ein Radiokonzert von etwa einer Stunde Dauer. Auf dem Programmzettel stand Fritz Kreislers *Andantino im Stil von Martini*, ein live übertragenes Cello-Solo mit Klavierbegleitung.

---

8   https://www.spiegel.de/geschichte/kalenderblatt-29-10-1923-a-948635.html, verifiziert am 24.06.2022.

Die Interpreten waren Otto Urack und Fritz Goldschmidt. Daneben gab es Einspielungen von Schellack-Platten mit Werken von Mozart, Beethoven, Schumann, Mendelssohn, Tschaikowsky und Saint-Saëns. Wenige Monate später begann der neue Sender, Live-Übertragungen von Orten außerhalb des Sendestudios einzurichten. Aus dem Thalia Theater in Berlin wurde Franz Lehárs Operette *Frasquita* übertragen. Die Sendequalität ließ allerdings noch zu wünschen übrig. Man hatte nur ein Mikrofon zur Verfügung.

Für die erste Live-Reportage von einem Fußballspiel, die am 1. November 1925 von der Begegnung zwischen dem SC Preußen Münster und Arminia Bielefeld ausgestrahlt wurde, reichte dem Kommentator Bernhard Ernst diese Ausstattung vollauf. Hätte gereicht, muss man angesichts einer veritablen Radio-Panne wohl eher sagen. Denn das Mikrofon, das hinter einem der beiden Tore installiert war, wurde von einem misstrauischen Mitarbeiter der Post kurz vor Spielbeginn wieder abgebaut. Also musste Bernhard Ernst die Begegnung über eine improvisierte Telefonleitung kommentieren. Immerhin, die Verbindung hielt, und die Reportage ging live über den Sender.

1954 in Bern beim Weltmeisterschafts-Endspiel Deutschland gegen Ungarn war Bernhard Ernst auch mit von der Partie. Diesmal beobachtete er die Begegnung für das Fernsehen. Am Radiomikrofon saß derweil Herbert Zimmermann. Sein Kommentar ist Legende. »Aus dem Hintergrund müsste Rahn schießen (...) Rahn schießt (...) Toooor! Toooor! Toooor!« Die sich im Freudentaumel überschlagende Stimme von Herbert Zimmermann steht »wie kein anderes Tondokument für den ersten deutschen Weltmeistertitel und den Aufbruch eines ganzen Landes in eine neue Ära«.[9]

Das Radiohören war indes schon in den Anfangstagen des neuen Mediums in der Weimarer Republik kein kostenloser Service der Reichspost, sondern bedurfte einer Genehmigung und war gebührenpflichtig. Bei Sendebeginn gab es noch keine zahlenden Hörer, Ende 1923 waren es 467, im Jahre 1925 wurde die Millionengrenze überschritten. Es herrschte Aufbruchsstimmung im Radioland Deutschland. Die Rundfunkempfängerlizenz mit der Nummer 1 erhielt der Berliner Zigarrenhändler Wilhelm Kollhoff, der sein Radio am 1. Dezember 1923 anmeldete und infolge der Inflation eine Summe von mehreren Hundert Milliarden Mark für die Jahresgebühr auf den Tisch legen musste.

Bereits 1924, im Jahr nach der Premiere des Rundfunks in Deutschland, als Sender in Leipzig, München, Frankfurt, Hamburg, Stuttgart, Breslau, Königsberg und Münster eigene Programme ausstrahlten, gab die Reichspost eine Untersuchung

---

9   Reiner Suckow, *Eine Prise Funkgeschichte. Fünfzig Geschichten aus hundert Jahren Rundfunk.* Berlin 2020, S. 137.

in Auftrag, um jene Haushalte zu ermitteln, die ein angemeldetes Empfangsgerät besaßen. Ferner wollte man wissen, welcher sozialen Schicht die Familie angehörte und zu welchen Zeiten das Programm verfolgt wurde. 1931 wurde das erste Tagesprofil ermittelt, in dem in Form einer Kurve die Mediennutzung dargestellt wurde. Das war der Beginn einer Disziplin, die später Hörfunkforschung oder Media-Analyse heißen sollte. Auch Theodor W. Adorno interessierte sich für die Gewohnheiten, die die Rezeption des neuen Mediums mit sich brachte. »Es wären Erhebungen über die Haltung des Rundfunkhörers anzustellen. Diese hätte zunächst von ganz zufälligen Dingen auszugehen: wird im Sitzen, Stehen, Herumgehen oder im Bett zugehört? Wird während des Hörens geraucht oder nicht geraucht? Gegessen, getrunken? (...) Mit großer Wahrscheinlichkeit möchte ich annehmen, daß ein sehr hoher Prozentsatz der Hörer raucht.«[10]

Der Anteil von Frauenstimmen im Radio ist in diesen Anfangsjahren noch wenig ausgeprägt. Und das sollte auch noch einige Zeit so bleiben. Der Rundfunk war eine Männerdomäne. Eine Rundfunkpionierin, deren Stimme nicht im Programm zu hören war, ohne deren Forschungen aber keine Sendung störungsfrei hätte übertragen werden können,

---

10 *Frankfurter Adorno Blätter VII*, Hg. Rolf Tiedemann im Auftrag des Th. W. Adorno Archivs. München 1992: edition text + kritik, S. 110.

hat der Radiohistoriker Reiner Suckow dennoch ausgemacht. Ihr Name ist Isolde Hausser. Im Jahre 1914 – da hieß sie noch Isolde Ganswindt – war die junge Physikerin mit ihrer Arbeit »Erzeugung und Empfang kurzer elektrischer Wellen« promoviert worden und hatte wenig später in einem neuen, schnell expandierenden Industriezweig eine Anstellung gefunden. »15 Jahre lang war Isolde Hausser in der Röhrenentwicklung bei Telefunken tätig. Sie trug wesentlich zur Verbesserung dieses – für den Rundfunk so wichtigen – Bauelementes bei.«[11]

Das Radio erlebte derweil seine wilden Anfangsjahre. Das neue Medium war eine Mischung aus Versuchsanstalt, Spielwiese und Lehrkanzel. Den Hauptanteil am Programm hielten Musiksendungen. Bereits am 18. Juni 1925 wurde in Berlin ein eigenes Rundfunkorchester gegründet. Zur Aufführung kamen in diesen frühen Jahren neben traditionellen Soireen auch Avantgarde-Werke, die eigens fürs Radio arrangiert wurden. Weiter standen Vorträge, Rezitationen, Diskussionen, Theateraufführungen, Dichterlesungen, Rezensionen und Sprach- oder Schachkurse auf dem Programm. Nicht zu vergessen das Hörspiel, das sich als genuine akustische Spielform schon kurz nach Aufnahme des Sendebetriebs entwickelt hatte und als erstes eigenständiges Genre der Radiokunst gelten

---

11 Ebd., S. 80.

darf. 1925 stellte die *Vossische Zeitung* im Hinblick auf das Programmangebot des neuen Mediums fest: »Ja, es ist eine Schule der Massen (...) eine wahre Volksbildungsanstalt, von der man, noch in der Entwicklung begriffen, Großes zu erwarten hat.«[12] Achtzig Jahre später wird der Sänger und Autor Schorsch Kamerun in seinem Hörspiel *Ein Menschenbild, das in seiner Summe null ergibt* eine deutlich abgeklärtere Haltung gegenüber einem Medium, dessen euphorische Gründerzeit nun Geschichte ist, einnehmen. »Meine Damen und Herren, liebe Ein- und Ausgeweihte, willkommen im Breitklang der Möglichkeiten und Bedingungen. Drehen Sie Ihr Radio auf, lassen Sie sich ein, aber achten Sie auf die Richtigkeit der folgenden Anweisungen.«[13]

Mit dem Machtantritt der Nationalsozialisten am 30. Januar 1933 wird die gerade aufgeblühte und vielfältige Radiolandschaft der Weimarer Republik im Zeichen der sogenannten Gleichschaltung zurückgeschnitten und in eine propagandistische Rundfunkpolitik zwangsüberführt, in der es nur noch ein staatlich gelenktes Programm gibt und

---

12 Zit. nach Andreas Zeising/Sara Beimdieke, *Gemäßigte Revolte. Junge Dichter und Komponisten der Novembergruppe im Berliner Hörfunk 1925,* in: *Freiheit. Die Kunst der Novembergruppe 1918–1935,* Hg. Thomas Köhler, Ralf Burmeister, Janina Nentwig. München/London/New York 2019, S. 176 (Ausstellungskatalog).

13 Kamerun, Schorsch, *Ein Menschenbild, das in seiner Summe null ergibt.* Hörspiel, WDR 2006.

das Hören von »Feindsendern« in schweren Fällen mit der Todesstrafe geahndet wird. Der weltumspannende Impuls des Rundfunkbastlers *Vom Gebirg zum Ozean, alles hört der Radiomann* – wie ein Werbeslogan aus den frühen Tagen lautete – sollte für die nächsten zwölf Jahre eine restriktive Engführung erfahren. Der neue Reichssendeleiter Eugen Hadamovsky war angetreten, um »die demokratische Epoche des Rundfunks« und damit »zugleich die Epoche der Rundfunkliliputaner«[14] im Rahmen eines großdeutschen Einheitssenders auszulöschen.

Hadamovsky unterstand Joseph Goebbels, dem Reichsminister für Volksaufklärung und Propaganda, der in Personalunion auch als Präsident der Reichskulturkammer amtierte. Am 29. Oktober 1923, jenem Tag, als das Radio sein erstes Programm ausstrahlte, hatte auch Goebbels, der am 29. Oktober 1897 geboren wurde, Anlass zu feiern. Das Radio, das zu seinem mächtigsten Propagandainstrument werden sollte, teilte den Geburtstag mit ihm. Am 29. Oktober 1938, dem 15. Jahrestag des Rundfunks in Deutschland und dem 41. Geburtstag des Reichspropagandaministers, wurde in Berlin eine besonders preisgünstige Version des Volksempfängers präsentiert. Sie kostete 35 Reichsmark und wurde schon bald im Volksmund »Goebbels-Schnauze« genannt.

---

14 Zit. nach: Peter Dahl, *Radio. Sozialgeschichte des Rundfunks für Sender und Empfänger,* Reinbek 1983, S. 154.

Am 1. September 1939, dem Tag des Überfalls auf Polen, trat die *Verordnung über außerordentliche Rundfunkmaßnahmen* in Kraft. Diese Verordnung beinhaltete ein striktes Verbot des »Abhörens ausländischer Sender«. Bereits seit 1933 regelte ein Erlass der Gestapo über sogenannte Sondergerichte, dass »beim gemeinschaftlichen Empfang von Radio Moskau festgestellte Personen« in Konzentrationslager zu überführen seien.[15] Ab 1934 verurteilte der Volksgerichtshof Hörer von Radio Moskau wegen Vorbereitung zum Hochverrat zu Zuchthausstrafen. Meistens kam der Hinweis auf die »Volksverräter« aus dem unmittelbaren sozialen Umfeld von Kollegen oder Nachbarn, bisweilen sogar aus dem eigenen Haushalt von der Ehefrau oder dem in der Hitlerjugend aktiven Sohn. So war binnen kurzer Zeit aus dem polyglotten »Radiomann« ein mit dem Tode bedrohter »Rundfunkverbrecher« geworden.

15 https://de.wikipedia.org/wiki/Verordnung_über_außer ordentliche_Rundfunkmaßnahmen, verifiziert am 24.06.2022.

Lindbergh sind viele

Brecht Radio

IM Oktober 1923, im selben Monat, als vom Berliner Vox-Haus das erste Radioprogramm in den Äther geschickt wurde, fand auf einem ehemaligen Maisfeld in der Nähe der amerikanischen Stadt St. Louis im Bundesstaat Missouri das *St. Louis Air Meet* statt, eine »Mischung aus Gewerbeschau, Tauschbörse, Bezirksausstellung und Militärparade«.[1] Es war die größte Luftfahrtschau der Welt. Allein am letzten Tag strömten 125.000 Menschen auf das Flugfeld. Einer von ihnen trug ein Bündel Visitenkarten in der Jackentasche mit der Aufschrift: »Wir sind spezialisiert auf Jahrmarkts- und Volksfestvorstellungen, Umsteigen in der Luft, Tragflächenspaziergang, Fallschirmspringen, nächtliches Feuerwerk, Himmelsbeschriftung und Schwerhörigkeitsbehandlung durch Sturzflüge.«[2] Darunter der Name: Lieutenant Charles Lindbergh. Der Mann vertrieb sich als Stuntflieger die Zeit, bis er im Oktober 1925 die ersehnte Stelle als Chefpilot der Postlinie St. Louis – Chicago antreten konnte.

---

1 A. Scott Berg, *Charles Lindbergh. Ein Idol des 20. Jahrhunderts.* München 1998, S. 68.

2 Ebd., S. 78. Der Autor hält sich auch im Folgenden an die Darstellung bei A. Scott Berg.

Doch er wollte höher hinaus. Den jungen Postflieger hatte das Atlantikfieber ergriffen. Im Kopf hatte er alles komplett durchgeplant. Bisher hatten sich jedoch alle Versuche, ein Geldkonsortium von seinem verwegenen Plan zu überzeugen, als aussichtslos erwiesen. Im Frühjahr 1927 waren seine Bemühungen schließlich doch noch von Erfolg gekrönt, und eine Gruppe von Sponsoren stellte den Betrag von 15.000 Dollar zur Verfügung – als Darlehen.

Schon wenige Wochen später, am Morgen des 20. Mai 1927 um 7 Uhr 30, waren die Tanks der *Spirit of St. Louis* so prall gefüllt, dass man gerade noch den Deckel zuschrauben konnte. Die 1707 Liter Benzin schlugen mit einem Gewicht von 1250 Kilogramm zu Buche. Die Maschine selbst wog 97 Kilo, Lindbergh brachte mit Kleidung 77 Kilo auf die Waage. Die fünf Sandwiches Bordverpflegung fielen nicht mehr ins Gewicht, als es wenig später hieß: »Lindy is off!« Siebenundzwanzig Stunden nachdem er in der *Spirit of St. Louis* von Roosevelt Field in New York abgehoben hatte, verbreitete sich über die live berichtenden Radiosender diesseits und jenseits des Ozeans die Nachricht, dass Charles A. Lindbergh den gefährlichsten Abschnitt seiner Reise überstanden hatte, die Überquerung des Atlantiks. Jetzt sah er wieder Land unter sich und musste bis zur Landung in Paris nur noch ein paar Stunden durchhalten.

An diesem Samstagnachmittag war der amerikanische Botschafter in Frankreich, Myron T. Herrick, zu einem französisch-amerikanischen Tennisspiel nach St. Cloud gefahren. »Mitten im Spiel erhielt Herrick ein Telegramm – die Bestätigung, dass Lindbergh über Valencia in Irland geflogen sei. Aller Augen waren auf den Botschafter gerichtet, als er hastig den Tennisplatz verließ (...) Noch ehe das Match zu Ende war, begannen sich die Tribünen zu leeren.«[3] Kurze Zeit später meldete der Rundfunk, Lindbergh habe Südengland überflogen. Von überall her liefen die Menschen in der Innenstadt von Paris zusammen. 30.000 versammelten sich allein auf der Place de I'Opera und verfolgten auf den beleuchteten Reklametafeln die neuesten Nachrichten. »>Seit dem Waffenstillstand 1918<, stellte ein Reporter fest, >hat Paris nicht mehr solch einen Anblick öffentlicher Begeisterung und Aufregung erlebt, wie ihn die Scharen boten, die sich auf den Boulevards drängten und auf Nachrichten von dem amerikanischen Piloten hofften, dessen Ausstrahlung die Herzen der Pariser erobert hatte.<«[4] Der Pilot saß indessen in seinem Cockpit und kämpfte gegen die Müdigkeit, den Lärm und seine Angst, auf den letzten Metern durch ein unvorhergesehenes Ereignis noch zu scheitern.

Um sich zu beruhigen, rief er sich das triumphale Gefühl kurz nach dem Start in New York ins Gedächtnis. Aus seiner Pilotenkanzel hatte er hinabge-

---

3 Ebd., S. 11.
4 Ebd., S. 13.

sehen auf die Stadt, die wie ein riesiges Schachbrett unter ihm lag. Von hier oben hatte New York ausgesehen wie ein in Planquadrate akkurat gegliedertes Raster. Modellhaft gruppierten sich die Gebäude entlang der Verkehrsschneisen zu einer Topographie der Superlative. Das Bild der Welt unter ihm wirkte wie eingefroren. Dann verschwamm die Fläche zusehends. Wo Stein war, wurde Brachland, wo Erde war, wurde Wasser. Und dann begann die Unendlichkeit des Atlantiks.

Auf dem Pariser Flughafen Le Bourget hatten sich binnen kurzer Zeit 150.000 Menschen eingefunden. Gegen 22 Uhr »hörte die aufgeregte Menge, dass sich eine Maschine näherte, und wurde still. Ein Flugzeug brach durch die Wolken und landete, es war jedoch eine planmäßige Maschine aus London. Minuten später, als ein kalter Wind die Sterne frei fegte, durchriss wieder ein Dröhnen die Luft, diesmal ein Flugzeug aus Straßburg. Feuerzeichen roter, goldener und grüner Leuchtraketen flammten auf, und grelle Scheinwerfer suchten den dunklen Himmel ab. In der Kälte wurde die Menge unruhig. Dann, plötzlich und unmissverständlich, das Dröhnen eines Flugzeugs (...) ›zu unserer Linken ein weißes Blitzen in der schwarzen Nacht und wieder ein Blitzen, wie ein Hai, der durchs Wasser schießt‹, erinnerte sich Harry Crosby, ein im Ausland lebender amerikanischer Verleger, der unter den begeisterten Zuschauern stand. ›Dann nichts mehr. Kein Ton. Spannung. Und wieder ein Geräusch, diesmal irgendwo weiter rechts. Ist es ein verspätetes Flugzeug oder Lindbergh? Dann schoss, scharf und schnell im goldenen Strahl der Suchscheinwerfer, ein kleiner, weißer Falke von Flugzeug raubvogelgleich herunter und über die Landebahn – c'est lui, Lindbergh. LINDBERGH!‹«[5] Am 21. Mai 1927 um 22:24 Uhr, nach 33 Stunden, 30 Minuten und 30 Sekunden, war die *Spirit of St. Louis*, die einen Nonstop-Flug über 3614 Meilen von New York nach Paris absolviert hatte, auf dem europäischen Kontinent gelandet. In diesem Moment war die Welt über dem Atlantik zusammengewachsen. Aber das interessierte Lindbergh gerade nicht. »Gibt's hier Mechaniker«, fragte er als erstes nach der Landung.

Als der Atlantikflieger wenige Wochen später in die neue Welt zurückkehrte und in Washington vor die Mikrofone trat, wo er von einer jubelnden Menge sowie von einem Großaufgebot an Prominenz aus Politik, Presse und Boulevard empfangen wurde, hatten 30 Millionen Radiohörer im ganzen Land ihre Geräte eingeschaltet. »Kein heimkehrender Held ist je mit größeren Ehren empfangen worden«, meldete die *New York Times*.[6] In den Tagen nach seiner Rückkehr in die Vereinigten Staaten sollte Lindbergh zum meist fotografierten Menschen aller Zeiten werden.

---

5 Ebd., S. 13.
6 Ebd., S. 114.

Was hatte Lindberghs Aktion so spektakulär gemacht? Zum einen hatte er den Atlantikflug allein und nur auf sich selbst gestellt bewältigt, zum anderen hatte er einen Nonstop-Flug gewagt und damit die Atlantiküberquerung, die Ramón Franco als Kommandant eines Amphibienflugzeugs ein Jahr zuvor vom spanischen Palos de la Frontera nach Buenos Aires unternommen hatte, in den Schatten gestellt. Bei Lindberghs Aktion kam indessen noch ein Faktor hinzu, der seine Pioniertat zu einem Ereignis von nie dagewesener Aktualität steigerte. Durch die zeitnahe Berichterstattung der zugeschalteten Radiosender, die jedes Detail im Ablauf der Ereignisse direkt übermittelten, wurden die Hörerinnen und Hörer zu mitfiebernden Zeugen dieses Flugabenteuers. Die Stimmen der Reporter stellten Präsenz und Authentizität her und gaben den Menschen an ihren Radiogeräten das Gefühl, immer im Zentrum des Geschehens zu sein.

Zum ersten Mal konnte die ganze Welt, soweit sie an die Medienströme angeschlossen war, an diesem Abenteuer, das den neuen und den alten Kontinent zusammenrückte, teilhaben. So wurde Charles Lindbergh – der »flying fool« – über Nacht der berühmteste lebende Mensch auf dem Erdball. Lindbergh war der erste *global player* des neuen Medienzeitalters. Wenige Monate nach seinem Flug erschien bereits die Autobiographie des Fünfundzwanzigjährigen unter dem sprechenden Titel *We*. In der deutschen Übersetzung hieß das Buch *Wir zwei. Im Flugzeug über den Atlantik.* Es erschien 1927 bei F. A. Brockhaus in Leipzig, im selben Jahr wie die amerikanische Originalausgabe.

Die Popularität Lindberghs war auf ihrem Höhepunkt, als Kurt Weill seinen Komponistenkollegen Paul Hindemith sowie Bert Brecht auf das erzählerische Potential, das in dem Stoff dieses Ozeanflugs liegt, aufmerksam machte. So entstand unter Mitarbeit der Schriftstellerin Elisabeth Hauptmann, die schon an der Textfassung der *Dreigroschenoper* beteiligt war, das Stück *Lindbergh. Ein Radio-Hörspiel für die Festwoche in Baden-Baden.* Der Text, zu dem Kurt Weill die Musik geschrieben hatte, erschien im April 1929 in dem Monatsmagazin *Uhu,* das der Ullstein Verlag herausgab.[7] Das Stück orientierte sich an Lindberghs Autobiographie von 1927, war von Beginn an für das neue Medium Rundfunk konzipiert und wurde anlässlich des Festivals *Deutsche Kammermusik,* das vom 25.–28. Juli 1929 in Baden-Baden stattfand und von seinem künstlerischen Leiter Paul Hindemith unter das Thema *Originalkompositionen für den Rundfunk* gestellt worden war, als »radiophonische Kantate« uraufgeführt. Am

---

7 Vgl. auch für die folgende Darstellung: Klaus-Dieter Krabiel, *Der Lindberghflug / Der Flug der Lindberghs / Der Ozeanflug,* in: Jan Knopf, *Brecht-Handbuch Bd. 1.* Stuttgart 2001, S. 216 ff., sowie: https://dewiki.de/Lexikon/Der_Flug_der_Lindberghs, verifiziert am 24.06.2022.

27. Juli 1929 erfolgte eine Ausstrahlung im Rundfunk, die zeitgleich per Lautsprecher in die Festspielräume übertragen wurde.

Am letzten Tag des Festivals wurde die Radiofassung des Stücks durch eine Aufführungsvariante ergänzt, in der Brecht an einem anschaulichen Beispiel demonstrieren wollte, was er zur gleichen Zeit in seinen theoretischen Schriften ausführte. Seine prinzipielle Kritik an der Konstruktion des neuen Mediums mündete in dem Diktum, dass der Rundfunk »aus einem Distributionsapparat in einen Kommunikationsapparat« zu verwandeln sei. »Der Rundfunk wäre der denkbar großartigste Kommunikationsapparat des öffentlichen Lebens, ein ungeheures Kanalsystem, das heißt, er wäre es, wenn er es verstünde, nicht nur auszusenden, sondern auch zu empfangen, also den Zuhörer nicht nur hören, sondern auch sprechen zu machen und ihn nicht zu isolieren, sondern ihn auch in Beziehung zu setzen.«[8]

Seine zentrale Forderung, das Publikum zu beteiligen, setzte Brecht in der Baden-Badener Live-Inszenierung um, als er den Sänger der Lindbergh-Rolle auf der geteilten Bühne so plazierte, dass für die Zuschauerinnen und Zuschauer der Eindruck

---

8   Bertolt Brecht, *Der Rundfunk als Kommunikationsapparat*, in: Gesammelte Werke in 20 Bänden, Bd. 18. Frankfurt/Main 1976, S. 127–134.

entstand, der Sänger sei bei sich zu Hause. Die Musik, zu der seine Stimme erklang, kam derweil nicht aus dem Orchestergraben, sondern aus einem Radiogerät. Dem Publikum sollte vor Augen geführt werden, dass die Bühne nicht länger ein exklusiver Ort für einen Theaterschauspieler ist, wenn jeder daheim sein Radiogerät einschalten und den Part des Protagonisten selbst einnehmen kann. Brecht erläuterte in einem Prolog und in Zwischenbemerkungen diese ungewohnte Aufführungspraxis und verdeutlichte seine Vorstellung, die in Passivität verharrende Position des Publikums müsse durch neue Strategien der Beteiligung durchbrochen werden. Paul Hindemith, der Kompositionen für Laien und Stücke zum Mitsingen geschrieben hatte, verfolgte ein ähnliches Konzept, wenn er den Kunstwillen und die Praxisferne des etablierten Musikbetriebs beklagte und sich als Befürworter einer am Lebensalltag orientierten Gebrauchsmusik verstand, die er der Konzertmusik gegenüberstellte.

Brechts Bearbeitung des Lindbergh-Stoffs unterschlägt die fast übermenschliche Anstrengung des einsam in seinem Fluggerät hockenden Piloten nicht, vermeidet aber jede Heroisierung seiner individuellen Leistung. Dabei kommt der Maschine – wie schon in Lindberghs Buch mit dem Titel *We* – eine fast personale Bedeutung zu. Bei Brecht redet Lindbergh mit dem Motor der *Spirit of St. Louis* wie mit einem menschlichen Wesen, um dessen Wohlergehen er besorgt ist: »hast du genug öl? / meinst

du das benzin reicht dir aus? / hast du kühl genug? /
geht es dir gut?«[9]

Im Jahre 1930 veröffentlichte Brecht eine revidierte Fassung seines Baden-Badener Hörspiels und setzte mit dem modifizierten Titel *Der Flug der Lindberghs. Ein Radiolehrstück für Knaben und Mädchen* ein noch deutlicheres Zeichen, dass hier nicht die Tat eines Einzelnen herausgehoben werden, sondern ein Prozess des gemeinsamen Lernens und Kommunizierens in Gang gebracht werden soll. Alle Rollenbeschreibungen waren so angelegt, dass sie als Stimmen aus dem Radio kommen, nur die von Lindbergh nicht. Seine Rolle sollte von den Zuhörerinnen und Zuhörern daheim an ihren Empfangsgeräten eingenommen werden. So wie schon der Ozeanflieger auf der Baden-Badener Theaterbühne, sollte nun jede Hörerin und jeder Hörer am heimischen Radio den Part mitsingen und in den imaginären Chor der Pioniere des transatlantischen Luftraums einstimmen.

Aus der Figur des Einzelkämpfers Lindbergh, dessen spektakuläre Alleinüberquerung des Atlantiks noch die erste Fassung grundiert hatte, ist in der Überarbeitung von 1930 ein weit gestreutes Kollektiv von Laiendarstellern geworden, die die Hauptrolle nicht der Interpretation eines einzelnen Schauspielers überlassen, sondern ein fiktives Ensemble formieren, das vor den Lautsprechern seiner

---

9 Vgl. Klaus-Dieter Krabiel, a. a. O., S. 217.

Radioempfänger ein eigenes Stück inszeniert. Lindbergh sind viele.

Mit seinem Konzept, in dem das Publikum zum Mitspieler wird, hatte Brecht eine frühe Form des interaktiven Radios entwickelt. Als der Südwestdeutsche Rundfunk in Frankfurt ein Jahr später den Prototyp dieses *Radiolehrstücks für Knaben und Mädchen* in seinen Studios inszenieren wollte und Schülerinnen und Schülern aus dem Sendegebiet anbot, ihnen Partituren zukommen zu lassen, war die Resonanz gering. Kaum jemand wollte mitmachen. So fand der *Flug der Lindberghs* vorerst nur auf dem Papier statt.

Die Textfassungen des Stücks nahmen indessen zu. Als nach dem Ende des Zweiten Weltkriegs der gerade gegründete Süddeutsche Rundfunk bei Brecht anfragte, ob man das Hörspiel *Der Lindberghflug* von 1929 ins Programm nehmen dürfe, reagierte Brecht unwillig und stellte Bedingungen, die eine Textbereinigung beinhalteten. Am 3. Januar 1950 teilte er dem Sender mit: »Wenn Sie den Lindberghflug in einem historischen Überblick bringen wollen, muß ich Sie bitten, der Sendung einen Prolog voranzustellen und einige kleine Änderungen im Text selber vorzunehmen.«[10] Die Änderungen waren indes nicht »klein«, sondern gravierend. So bestand Brecht darauf, dass sein Hörspiel unter dem

---

10   https://www.reinhard-doehl.de/forschung/brecht1.htm, verifiziert am 24.06.2022.

neuen Titel *Der Ozeanflug* ausgestrahlt und zudem der Name Lindbergh in der gesamten Textfassung komplett gestrichen werden müsse. Brecht benutzte in seinem Schreiben den brachialen Begriff »ausmerzen«. Was war geschehen?

Lindbergh, der in seinen letzten Lebensjahren eine Stiftung gegründet hat, um seine Vorstellung vom »Gleichgewicht zwischen dem technischen Fortschritt und der Bewahrung unserer menschlichen und natürlichen Umwelt« zu verwirklichen, hat nach der Blitzkarriere als Medienstar sein persönliches Gleichgewicht nie mehr gefunden. Der Rekordflieger war zu hoch hinaus geraten. Geblendet vom eigenen Erfolg und geschlagen mit einer naiven Verehrungsbereitschaft für Macht, Pomp und Glamour ließ er sich im Juli 1936 von führenden Repräsentanten des Nazi-Regimes nach Berlin einladen und nahm an einem Empfang teil, den Hermann Göring in seiner Residenz in der Wilhelmstraße ihm zu Ehren gab. Wie Lindberghs Biograph A. Scott Berg berichtet, waren unter den Gästen die wichtigsten Persönlichkeiten der deutschen Luftfahrt wie der Leiter des technischen Büros der Luftwaffe, Oberst Ernst Udet, den Lindbergh vor Jahren bei einem Flugzeugrennen in Amerika getroffen hatte.

Zwei Jahre nach dem ersten Besuch ließ sich Charles Lindbergh abermals von den Nationalsozialisten bitten und kehrte mit einem Geschenk zurück, das er später am liebsten rückgängig gemacht hätte. Für seine Verdienste um die Luftfahrt und insbesondere für seinen Atlantikflug wurde Lindbergh von Göring mit dem *Verdienstkreuz Deutscher Adler* ausgezeichnet. In den USA zischten derweil die Kinobesucher im Parkett und auf den Rängen, wenn Lindberghs Bild in der Wochenschau erschien, und nicht nur die jüdischen Buchhändler nahmen sein Buch über die Atlantiküberquerung aus den Schaufenstern.

Auch in der Neufassung von Brechts Radiostück wurde der Name des Ozeanfliegers getilgt. In seinem oben zitierten Brief an den Süddeutschen Rundfunk hatte Brecht weiter festgehalten: »Lindbergh hat bekanntlich zu den Nazis enge Beziehungen unterhalten; sein damaliger enthusiastischer Bericht über die Unbesieglichkeit der Nazi-Luftwaffe hat in einer Reihe von Ländern lähmend gewirkt. Auch hat L. in den USA als Faschist eine dunkle Rolle gespielt.«[11] Im Prolog zu der Neufassung des Stücks wird Brecht konkreter: Lindbergh habe nicht nur kollaboriert, sondern den »Hitler-Schlächtern« das »Fliegen mit tödlichen Bomben« beigebracht. Also hat Brecht den Namen des Piloten »ausgemerzt« und lässt ihn fortan nicht mehr als Person, sondern nur noch als Funktion – »der Flieger« heißt er im Text – auftreten. Wenn es in der ersten Fassung hieß: »Mein Name ist Charles

---

11 Ebd.

Lindbergh«, lautet die Selbstvorstellung nun lapidar: »Mein Name tut nichts zur Sache.«[12]

Brecht will auch in der Nachkriegsversion seines Lindbergh-Hörspiels die Zuhörerinnen und Zuhörer anleiten, sich nicht zu schnellfertigen Identifikationen hinreißen zu lassen, sondern eine distanzierte, ja ablehnende Position gegenüber dem schuldig gewordenen Atlantikflieger einzunehmen. Jetzt heißt es nicht mehr, Lindbergh sind viele, sondern Lindbergh ist niemand. Und weiter: Was er kann, können wir alle. Denn der Flieger hat sich seiner eigenen Großtat als unwürdig erwiesen. Die Tat muss vor dem, der sie vollbracht hat, gerettet werden. Deshalb müssen alle antreten, um seine Rolle zu übernehmen. Brecht möchte aus den Zuhörerinnen und Zuhörern »übende« und »lernende« Mitspieler machen, die experimentell bestimmte Haltungen – gestisch und mental – einnehmen und ausprobieren. »Das Lehrstück«, so Brecht, »lehrt dadurch, daß es gespielt, nicht dadurch, dass es gesehen wird.«[13] Oder dadurch, dass es gehört wird, dürfen wir an dieser Stelle ergänzen. Hatte Brecht doch selbst in Heft 1 seiner Publikationsreihe *Versuche* anlässlich des *Lindberghflugs* von einem »Radiolehrstück« gesprochen.

---

12 https://dewiki.de/Lexikon/Der_Ozeanflug, verifiziert am 24.06.2022.
13 http://gesellschaftfuertheaterpaedagogik.net/pages/lehrstueck.php, verifiziert am 24.06.2022.

Hier hört ihr
Den Bericht über den ersten Ozeanflug
Im Mai 1927. Ein junger Mensch
Vollführte ihn. Er triumphierte
Über Sturm, Eis und gefräßige Wasser. Dennoch
Sei sein Name ausgemerzt, denn
Der sich zurechtfand über weglosen Wassern
Verlor sich im Sumpf unserer Städte. Sturm und Eis
Besiegte ihn nicht, aber der Mitmensch
Besiegte ihn. Ein Jahrzehnt
Ruhm und Reichtum und der Unselige
Zeigte den Hitlerschlächtern das Fliegen
Mit tödlichen Bombern. Darum
Sei sein Name ausgemerzt. Ihr aber
Seid gewarnt: Nicht Mut noch Kenntnis
Von Motoren und Seekarten tragen den Asozialen
Ins Heldenlied.[14]

Siebzig Jahre nach der Erstaufführung des *Lind-berghflugs* von 1929 hat Robert Wilson den Stoff aufgegriffen und die Bearbeitung von Brecht um Texte von Heiner Müller und Fjodor Dostojewski ergänzt. Unter dem Titel *Ozeanflug* erlebte Wilsons Kompilationsstück als szenische Trilogie am Berliner Ensemble im Januar 1998 seine Premiere. Dabei hat sich der fortschrittsoptimistische Fokus, der sich bei Brecht durch alle Versionen der Textgestalt zieht, merklich verschoben. »Ich bin der Nebel«,

14   Zit. nach Reinhard Döhl.

sagt der greise Bernhard Minetti und leiht nicht dem Ozeanflieger seine Stimme, sondern den Naturgewalten über dem Atlantik. Der *Tagesspiegel* resümierte in seiner Rezension am 29. Januar 1998: »Die menschliche Zukunftshoffnung, beflügelt vom technischen Fortschritt, hat nicht weit getragen, sondern ist nach katastrophaler Selbstzerstörung gescheitert auf einem wüsten Stern.«

»It's cra… and it's crashing, it's crashing.«

Live Radio

*It's burst into flames, it's burst into flames and it's fall-
ing, it's crashing (…) Get this, Charlie, get this, Charlie!
It's cra… and it's crashing, it's crashing, terrible. Oh,
my! (…) this is one of the worst catastrophes in the
world! (…) it's a terrific crash, ladies and gentlemen.
There's smoke and there's flames now (…) Oh, the humanity and all the passengers, screaming around me!*

Der Radioreporter Herbert Morrison steht mit seinem Toningenieur Charles Nehlsen und einer illus-
tren Schar von Schaulustigen am Rande des Flug-
felds, als am 6. Mai 1937 in Lakehurst, New Jersey
das deutsche Luftschiff *LZ 129 Hindenburg*, das in
Frankfurt am Main gestartet war und durch widrige
Windbedingungen mit zehn Stunden Verspätung
amerikanisches Festland erreicht hatte, endlich
über dem Flugfeld einschwebt und zum Lande-
anflug ansetzt. Um herannahenden Gewitterfron-
ten auszuweichen, musste Kommandant Max Pruss
noch eineinhalb Stunden in der Luft kreisen, bevor
er um 18:25 Uhr sein 245 Meter langes Luftschiff
mit 97 Menschen an Bord neben dem hoch aufra-
genden Ankermast in Stellung bringen kann. Alle

Landemanöver laufen nach Plan, als plötzlich am Heck des Zeppelins Flammen emporschießen. In Sekundenschnelle greifen sie auf die gesamte Außenhülle über und lassen das majestätische Luftschiff vor den Augen von Angehörigen und Freunden der ankommenden Passagiere in einem Feuersturm zu Boden gehen. 35 Menschen an Bord verlieren ihr Leben, daneben ein Mitarbeiter der Boden-Crew. Von dem größten Flugobjekt aller Zeiten bleibt nur ein ausgebranntes Aluminiumskelett. Die genaue Unglücksursache konnte nie ermittelt werden.

Der Absturz der *Hindenburg* bewegte nicht nur die Gemüter der Zeitgenossen, sondern hinterließ auch im Gedächtnis der Nachwelt tiefe Spuren. Zahlreiche Zeitungsreportagen, Radiofeatures, Romanplots und Verfilmungen griffen das Schicksal der »Titanic der Lüfte« im Laufe der folgenden Jahre auf. Wesentlichen Anteil an dem medialen Fortleben dieser Katastrophe hatte die aufrüttelnde Radio-Reportage von Herbert Morrison, die im Stil einer gängigen Berichterstattung mit Informationen zur Wetterlage, zur Flugroute und zum Andocken des Luftschiffs an dem Ankermasten beginnt, um dann mit anschwellender, fassungsloser, flehender und schließlich brechender Stimme den Hergang der sich überstürzenden Ereignisse live wiederzugeben. Mehrmals muss Morrison innehalten, schlucken und neu ansetzen, dann verliert er schließlich die Contenance und wird von seinen eigenen Gefühlen überwältigt. »That's the worst I've ever witnessed.«

Die Reportage vom Absturz der *LZ 127 Hindenburg* stellt, wie der Radioautor und Hörspielkritiker Jochen Meißner betont, einen »ikonischen Moment« des jungen Rundfunkmediums dar, aber er war bei aller »Unmittelbarkeit des Augenblicks«, bei aller »authentischen Erschütterung« des Reporters Herbert Morrison, kein »Live-Moment«, sondern ein »Live-on-tape-Moment«. Morrison und sein Toningenieur Charles Nehlsen waren im Auftrag des in Chicago ansässigen Senders WLS angereist, um den Bericht von der Landung der *Hindenburg* mittels eines transportablen Schallplattenschneidegeräts aufzuzeichnen. Nach der Katastrophe von Lakehurst hatten sich der Journalist und sein Techniker sofort mit »vier Presto Direct Discs« auf den Rückweg nach Chicago gemacht. Diese »mit einem Zellulose-Nitrat-Lack beschichteten Aluminiumplatten«, so Meißner weiter, »waren damals der Industriestandard des Radios.«[1]

Gleich am Morgen nach der Katastrophe gingen die Schlüsselsequenzen der insgesamt 39-minütigen Reportage über den Sender WLS. Das Network NBC übernahm den live mitgeschnittenen Bericht vom Absturz des Luftschiffs und schickte Morrisons

---

1 Jochen Meißner, »*Get this, Charlie! Get this, Charlie!*« *oder die Glaubwürdigkeitsreserven des Radios,* in: Journal der Künste Heft 13, Deutsche Ausgabe. Berlin Juni 2020, S. 44 ff.

vergeblich um Fassung ringende Stimme landesweit in alle amerikanischen Haushalte. Bis heute gehört seine Augenzeugen-Reportage, die als Tonspur auch unter die Wochenschauaufnahmen von der Katastrophe in Lakehurst gelegt wurde, zu den bewegendsten Dokumenten der amerikanischen Radiohistorie und wurde in das *National Film Registry* aufgenommen.

Die eindringliche Präsenz von Herbert Morrisons Stimme schwingt noch nach, wenn Jochen Meißner bemerkt, dass ohne die Reportage vom Absturz der *Hindenburg* Orson Welles' live aufgeführtes Hörspiel *The War of the Worlds*, das am 30. Oktober 1938, eineinhalb Jahre nach der Katastrophe von Lakehurst, über den Sender CBS ging, nicht solche Wellen geschlagen hätte. Bis heute ist dieses Hörspiel, das in perfekter Dramaturgie die Landung eines Raumschiffs mit Invasoren vom Mars in der Kleinstadt Grover's Mill simuliert und die Massenflucht der Bewohner hautnah schildert, *der* Klassiker des Genres. Der Medientheoretiker und Vorstand des Zentrums für Kunst und Medien (ZKM) in Karlsruhe, Peter Weibel, hat die Ereignisse jenes Oktoberabends 1938, als die Hörer von CBS die Nachrichten vom Einfall der Marsianer an ihren Radiogeräten verfolgten, rekonstruiert. »Der Reporter auf dem Dach der Sendeanstalt berichtete über Gasexplosionen auf dem Mars, die ein Astronom vom Princeton Observatorium in New Jersey beobachtet hatte. Man schaltete nach Princeton, befragte den Professor und begab sich dann zum Schauplatz eines Meteoriteneinschlags im nahen Grover's Mill. Der Meteorit erwies sich als Raumschiff, das sich vor den Augen des schockierten Reporters öffnete und den Blick auf Wesen mit glühenden Augen und tentakelartigen Gliedmaßen freigab. Die beruhigenden Worte eines Kommandeurs der Miliz, die Wesen hätten gegen schwere Artillerie keine Chance, erwiesen sich als Illusion: Von 7000 Soldaten, die das Raumschiff angriffen, überlebten nur 120. Später landeten Raumschiffe überall in Amerika. New York war von Rauch eingehüllt, und die Menschen sprangen in Panik in den East River. Tatsächlich war natürlich nichts davon passiert.«[2]

Authentizität und Glaubwürdigkeit erreicht die Hörspiel-Reportage, die am Abend vor Halloween ausgestrahlt wurde, durch einen raffinierten Trick. Welles hatte den Soundtrack des gesamten Stücks am Tag vor der Sendung aufgezeichnet und ließ die Hörerinnen und Hörer nun durch die dramatische Kommentierung eines Moderators, der sich periodisch mit *breaking news* zum Invasionsgeschehen einschaltete, auf den aktuellen Stand bringen. Diese

---

2 Peter Weibel, *Radio Art as Media Art*, Keynote / Redemanuskript Symposion *Choreography of Sound – Between Abstraction and Narration,* Karlsruhe ZKM 05.–07.11.2013, siehe: http://www.cosound.de/de/programm, verifiziert am 26.06.2022.

Inszenierung trug die Geschichte von der Landung Außerirdischer direkt in die Wohnzimmer eines alarmierten Radiopublikums und verlieh der fiktiven Reportage die Unmittelbarkeit eines live ausgestrahlten Programms.[3] Für Peter Weibel ist *Krieg der Welten* »ein exemplarisches Radioereignis«, das zwei Schlussfolgerungen zulässt: »Radio ist nicht nur ein Medium der Geschichte, sondern Radio macht auch Geschichte. Radio berichtet nicht nur über Geschichte oder über Kunst, sondern macht auch Kunst, ist ein Medium der Kunst.«[4]

Grover's Mill im amerikanischen Bundesstaat New Jersey liegt ca. 30 Meilen von Lakehurst, dem Absturzort des Zeppelins, entfernt. Von dort nach London sind es noch etwa 3500 Meilen Luftlinie. Hier nahm die englische Rockband *Led Zeppelin* im Oktober 1968 ihr gleichnamiges Debutalbum auf. Das Cover zeigte ein brennendes Luftschiff. Es ist die *Hindenburg*. Der *Rolling Stone* kommentierte:

---

3 Dass wirklich eine Massenpanik ausgebrochen ist, wird heute mitunter bezweifelt. Zwar berichtete die *New York Times* am 31. Oktober 1938: »A wave of mass hysteria seized thousands of radio listeners throughout the nation«, ob aber diese Welle, die sich über das ganze Land verteilt hat, als Massenhysterie bezeichnet werden kann, sieht zumindest A. Brad Schwartz in seiner Studie *Broadcast Hysteria: Orson Welles's ›War of the Worlds‹ and the Art of Fake News* kritisch. Adrian Chen in *The New Yorker* (04.09.2017) fasst zusammen: »As Schwartz tells it, there was no mass hysteria, only small pockets of concern that quickly burned out.«

4 Peter Weibel, a.a.O.

»The cover of *Led Zeppelin* (...) shows the *Hindenburg* airship, in all its phallic glory, going down in flames. The image did a pretty good job of encapsulating the music inside: sex, catastrophe and things blowing up.«[5] Das Debutalbum von *Led Zeppelin* wurde von der Produktionsfirma *Atlantic Records* vor der ersten Nordamerika-Tour der Band in Hunderten von Kopien an die wichtigsten amerikanischen Radiostationen verschickt. Schon bald landete die LP in den Charts, wo sie 73 Wochen lang blieb. Der Song *Stairway to Heaven* war nicht auf dem Debutalbum mit dem brennenden Zeppelin. Er wurde zwei Jahre später veröffentlicht. Eine Himmelsleiter für die Passagiere der *Hindenburg* hatte es nicht gegeben.

Wie präsent der Absturz der *Hindenburg* im Katastrophen-Gedächtnis Amerikas geblieben ist, zeigt auch eine kleine Episode aus dem 2019 erschienenen Roman *Die Topeka Schule* von Ben Lerner. Da gibt sich der Protagonist der schönen Vorstellung hin, dass der Äther nicht nur ein Übertragungsfluidum darstellt, sondern auch ein schier unendliches Speicherreservoir umfasst. »Ich stellte mir vor, alles Gesprochene (...) läge irgendwie immer noch in der Luft, wenn es mir nur gelänge, mich darin einzuklinken, so wie alte Radiosendungen nach

---

5 https://www.rollingstone.com/music/music-album-reviews/led-zeppelin-252726/, verifiziert am 26.06.2022.

und nach aus dem All zurückkehren, wo sie von Himmelskörpern aus Eis zurückgeworfen werden, sodass ein Amateurfunker 2014 Herbert Morrisons Übertragung der *Hindenburg*-Katastrophe von 1937 empfängt, *Oh, the humanity*, elektromagnetische Strahlung, die zur Erde zurückfällt.«[6]

6   Ben Lerner, *Die Topeka Schule*. Berlin 2020, S. 381.

Truth or Consequences

Die Radio-Stadt

NACH einem ersten Blick auf das Navigationsgerät ungläubiges Kopfschütteln. Wie heißt der Ort im amerikanischen Bundesstaat New Mexico, dem wir uns, von Silver City kommend, auf einer unwirtlichen Piste entlang des Rio Grande nähern? *Truth or Consequences* steht da in unmissverständlichen Lettern auf dem versenkbaren Bildschirm, der über dem staubigen Armaturenbrett aufragt. Dahinter der stahlblaue hohe Himmel des amerikanischen Südwestens. Wir stellen uns einen energischen Sheriff vor, der hier zu Wyatt Earps Zeiten seine Verhöre mit dem warnenden Hinweis einzuführen pflegte: Sag die Wahrheit oder mach dich auf Konsequenzen gefasst. Der Schriftzug auf dem Ortsschild bestätigt schließlich die Angabe des Navigationsgeräts: *Truth or Consequences* heißt es dort in sauber gefassten weißen Buchstaben auf grünem Grund. Bei der Einfahrt in die Sechstausend-Seelen-Gemeinde fallen als erstes die vielen Reklametafeln von Hotels mit Spa-Angeboten ins Auge. Die 1300 m über dem Meeresspiegel gelegene Kleinstadt ist ein in New Mexico beliebter Ausflugsort, der für seine heißen Quellen berühmt ist. Hot Springs war ursprünglich der Name dieses Orts am Rande der

47

Wüste von New Mexico, bis die Bürgerversammlung der Stadt im März des Jahres 1950 eine folgenreiche Entscheidung traf.

Ralph Edwards hieß der Mann, mit dessen Hilfe sich der abgelegene und verschlafene Flecken Erde mit den vielen heißen Quellen ganz nach oben auf die Karte der landesweit prominenten Badeorte hieven wollte. Edwards moderierte seit 1940 eine der erfolgreichsten Quizsendungen im Radio, die auf dem Kanal NBC ausgestrahlt wurde. Zum zehnten Jubiläum seiner wöchentlichen Show, auf die er sein Publikum immer mit demselben Begrüßungsritual einstimmte (»Hello there, we've been waiting for you«), entwickelte Edwards mit seinem Redaktionsteam eine Promotion-Kampagne, um den Namen der Sendung auf einen Schlag in aller Ohren klingeln zu lassen. Edwards ließ sein Publikum wissen, die Jubiläumsausgabe aus jenem Ort im Land zu übertragen, der den Beschluss fasse, sich nach dem Titel seiner populären Radio-Show umzubenennen. Der Titel seiner Quiz-Sendung lautete *Truth or Consequences.*

In der kleinen Bäderstadt in New Mexico mit Namen Hot Springs hatte die Ankündigung des prominenten Moderators die Hörerinnen und Hörer an ihren Empfangsgeräten elektrisiert. Ein schnell einberufenes Bürgerkomitee begann umgehend, die Werbetrommel für das verlockende Angebot zu rühren. Der Rest war reine Formsache. Am 31. März 1950 beschlossen die Bürger der Stadt mit

1294 zu 295 Stimmen, den Namen Hot Springs ab-
zulegen und sich fortan Truth or Consequences zu
nennen. Bereits am folgenden Tag machte sich ein
Tross von Produzenten, Redakteuren und Technikern auf den Weg, um aus der Stadt, die fortan den
Titel der Radio-Show in ihrem Wappen führte, mit
den Vorbereitungen für die Jubiläumssendung zu
beginnen.

Das Erfolgsrezept der 1940 erstmals ausgestrahlten Quiz-Show *Truth or Consequences,* die später auch
den Sprung ins Fernsehen schaffte, war so simpel
wie durchschlagend. Konnten die Kandidaten auf
eine trickreich verklausulierte Frage nicht antworten, will sagen: die *Wahrheit* nicht finden, mussten
sie die *Konsequenzen* tragen. Das hieß in der Logik
der Sendung, einen Parcours von Geschicklichkeits-
übungen zu absolvieren, deren komisches Scheitern
bereits vorprogrammiert war (»That's where the fun
comes in«). Mal mussten die Kandidaten im Sprint-
tempo zu einem Hindernislauf durch die Kulissen
des Studios antreten, mal sich an einem schlaff ge-
spannten Seil über einen Pool mit Wasser hangeln,
mal mit ungeeignetem Gerät einen Stabhochsprung
ausführen. Was sie nicht wussten: Die in wechseln-
der Verkleidung auftretenden Gegenspieler waren
in Wahrheit (sic!) Olympiasieger oder Stuntmen
und bewältigten die Übungen bravourös.

Die erfolgreiche Show gibt es seit 1988 nicht
mehr, die kleine Bäderstadt in New Mexico aber
trägt ihren Namen bis heute. Der 1913 geborene

Ralph Edwards legte eine Bilderbuchkarriere in der amerikanischen Unterhaltungsindustrie hin. Für seine erfolgreichen Shows im Radio und im Fernsehen erhielt er mehrere Emmys, im Jahr 1995 – zehn Jahre vor seinem Tod – wurde er in die *Radio Hall of Fame* aufgenommen. Dem Badeort in New Mexico hielt er zeitlebens die Treue. Zum Dank benannte die Gemeinde einen Park nach ihm und begeht jedes Jahr am 1. April, zum Gedenken an den Tag der ersten Radiosendung aus Truth or Consequences im Jahre 1950, den *Ralph Edwards Day*.

Wenn heute von dem Ort Truth or Consequences am Rande der Wüste von New Mexico die Rede ist, denken die Besucher weniger an die einst legendäre Radio-Show gleichen Namens, sondern richten ihre Aufmerksamkeit auf ein etwa 40 Kilometer entfernt liegendes Areal, das es ohne die Erfindung der Radiotechnik nicht gäbe. Über eine schnurgerade Staubpiste, an deren Ränder sich ein paar trockene Wacholderbüsche ducken, frisst sich der Kleinbus durch das weite Sandmeer, um schließlich in sanftem Bogen in ein großräumig arrondiertes Gelände einzumünden. Hier noch eine Sicherheitsschleuse, dort noch ein Terminal, an dem sich unser Fahrer identifizieren muss, dann rollen wir auf den leeren Parkplatz vor einem flach hingestreckten Gebäude, dessen zweiteilige Dachkonstruktion den weitausgreifenden Schwingen eines Riesenvogels gleicht.

Spaceport America heißt der Weltraumbahnhof, den der umtriebige Unternehmer und Selfmademan Richard Branson mitten in die staubige Einöde New Mexicos gepflanzt hat. Für die Bauten zeichnet der Stararchitekt Norman Foster verantwortlich. Die gesamte Region, in der der Spaceport America angesiedelt ist, unterliegt einem generellen Überflugverbot. Unweit von hier auf dem Testgelände *White Sands Missile Range* betreibt die US Army ein 8300 Quadratkilometer großes militärisches Areal, das schon zu Zeiten der Atomforschungs-Laboratorien von Los Alamos in Betrieb war und heute von der NASA für den Test von Rettungsraketen für die Apollo-Raumschiffe genutzt wird.

Vom *Spaceport America* aus sollten schon 2012 die ersten Weltraumflüge abheben. Doch der Start wurde immer wieder hinausgeschoben. Mittlerweile ist die Warteliste von *Virgin Galactic* lang. Hunderte von Touristen haben sich bereits für das suborbitale Weltraumabenteuer eingeschrieben, und die Zahl der Interessenten wächst ständig. Der Flugpreis von 450.000 Dollar entfaltet offenbar keine abschreckende Wirkung. 1600 Meter über dem Meeresspiegel liegt die Startbahn, auf der Bransons *Spaceship* in die Atmosphäre abheben soll. »The first mile is free«, vermerkt lakonisch die Informationsbroschüre. Auf 15.000 Meter wird das *Spaceship* mit Hilfe eines Mutterschiffs hochgezogen, dann klinkt sich der Raumgleiter aus, der Raketenantrieb zündet und katapultiert die Kapsel mit den Weltraumtouristen auf die lichte Höhe von 100 Kilometern über dem Meeresspiegel. Nach 25 Minuten Surfen in der Schwerelosigkeit tritt das *Spaceship* wieder in die Erdatmosphäre ein und setzt zu Landung an.

Der erste Startversuch für den bemannten Raumflug musste am 12. Dezember 2020 wegen Triebwerksproblemen am Raumgleiter abgebrochen werden. Am 22. Mai 2021 gelang schließlich der erste Testflug und brachte das *Spaceship* auf 89 Kilometer Höhe. Nach dem erfolgreichen Probelauf stand dem Jungfernflug mit Passagieren nichts mehr im Wege. Der Starttermin war auf den 11. Juli desselben Jahres angesetzt. An Bord waren vier Virgin Galactic Angestellte sowie ihr Boss Richard Branson. In Bild und Ton konnte man die gespannte Aufmerksamkeit der Passagiere verfolgen, als sich das *Spaceship* abkoppelte und in den galaktischen Raum schoss. Am Himmel über New Mexico vibrierte nach der erfolgreichen Landung des ersten Weltraumflugs mit Touristen die Luft. Ein Großaufgebot an Medien war aufgefahren und berichtete von zahlreichen Übertragungswagen live in alle Welt.

Radiotechnik gibt indes nicht nur den Takt in den Herzkammern unserer elektronischen Übertragungsmedien vor. Radiotechnik ist auch ein unverzichtbares Element der modernen Luftfahrt. Instrumente der Flugnavigation und des drahtlosen Funkverkehrs gehören seit den 1920er Jahren zur Grundausstattung in einer Pilotenkanzel. Für die

Entwicklung dieser Technik kann die 1870 in Berlin gegründete Firma von Carl Lorenz stehen. Was zunächst im Rahmen einer bescheidenen Werkstatt für Elektrotechnik begann, entwickelte sich schon bald zu einer Unternehmung mit weit gefächertem Angebot: »Telegraphenbauanstalt und Fabrik für elektrisches Licht, elektrische Eisenbahnen, Kunst und Industrie, die Morseapparate, Streckenläutwerke und Bogenlampen herstellte.«[1]

Am Vorabend des Ersten Weltkriegs gelang es der mittlerweile in eine Aktiengesellschaft umgewandelten C. Lorenz AG durch Lizenzverträge und Patentankäufe, eine führende Rolle in der Produktion kabelloser Telegraphen einzunehmen. Auch Fernschreiber und Telefongeräte gehörten zum Markenkern des aufstrebenden Unternehmens. Ihre Position als Pionier der Funktechnik konnte die Firma durch Rüstungsaufträge im Ersten Weltkrieg soweit ausbauen, dass die Zahl der Beschäftigten auf 3700 anwuchs.

Nach dem Ende des großen Krieges dehnte die C. Lorenz AG, die besonders auf dem Feld der militärischen Nachrichtentechnik erfolgreich operiert hatte, ihre Aktivitäten auf den zivilen Bereich aus

---

1 Jakob Tschandl, *Das Auge am Marktgeschehen – Die Lorenz-Röhre und der Sieg nach 1945,* in: *Fliegen und Funktechnik. Die Flugzeugfabrik der Luftwaffe Berlin Tempelhof 1933–1945,* Hg. Marcus Popplow und Beate Winzer. Berlin 2018, S. 45. Der Autor folgt auch im weiteren Verlauf dieses Abschnitts den Ausführungen von Jakob Tschandl.

und investierte in Experimente, die sich im Radius eines gerade erwachenden neuen Mediums abzeichneten – dem Rundfunk. Im Versuchsbetrieb Eberswalde und im Werk Tempelhof in Berlin entstanden in den Anfangsjahren der Weimarer Republik Prototypen von Rundfunkempfängern, bevor am 1. April 1926, zweieinhalb Jahre nach der Aufnahme des regelmäßigen Radioprogramms in Deutschland, die Lorenz Radiovertriebsgesellschaft mbh ins Leben gerufen wurde.

Nur fünf Tage später wurde ebenfalls in Berlin durch den Zusammenschluss der beiden Fluggesellschaften Deutscher Aero Lloyd AG und Junkers Luftverkehrs AG die Deutsche Luft Hansa gegründet. Auch auf dem Gebiet der Flugfunk-Navigation nahm die C. Lorenz AG eine führende Position ein. Seit dem Ersten Weltkrieg, in dem auch Flugzeuge als Waffen zum Einsatz kamen und alle kriegführenden Parteien um die Lufthoheit kämpften, war die Weiterentwicklung der Funktechnik in der militärischen wie in der zivilen Luftfahrt zur Chefsache geworden. Bis zum Ausbruch des Zweiten Weltkriegs war die C. Lorenz AG weltweit tonangebend im Bereich funkbasierter Navigations- und Landesysteme. Bei der Deutschen Luft Hansa begann für die Pilotenschüler bereits im Jahr 1929 die Schulung im Instrumentenflug. Neben der Navigationstechnik setzte der Funkverkehr mit der Bodenstation Standards, die für den modernen Flugverkehr obligatorisch wurden.

Auf beiden Einsatzgebieten, der Flugzeug- wie der Rundfunktechnik, in der Pilotenkanzel wie an den heimischen Empfangsgeräten, hatte die C. Lorenz AG am Vorabend des Zweiten Weltkriegs eine führende Position eingenommen. Nach dem Krieg verlagerte die Firma ihren Schwerpunkt ganz auf die Herstellung von Geräten für die Unterhaltungsindustrie. Unter dem Namen Schaub-Lorenz brachte sie Radio- und Fernsehempfänger auf den Markt. Doch die Absatzzahlen konnten schon bald mit der Konkurrenz nicht mehr mithalten, bis die traditionsreiche Marke schließlich nahezu unbemerkt aus den Regalen der Elektrohändler verschwand.

Derweil hatte die stilbildende Kultmarke Braun mit Erfolg begonnen, eine neue Ära in der Geräteentwicklung wie im Industriedesign einzuläuten. Im Jahre 1970 adressierte das Management die gemeinsame Schlüsseltechnologie von Rundfunk und Flugverkehr ganz explizit, als sie auf der HiFi-Ausstellung in Düsseldorf eine aus schwarz-weißem Kunststoff gefertigte Kompaktanlage für die »junge Generation« aus der Hand ihres Chef-Designers Dieter Rams vorstellte. Das Steuergerät mit integriertem Plattenspieler trug den Namen *Cockpit*.

Funkenflug

Spuk Radio

Im Begriffskonzept des Wortes *Rundfunk* glüht noch
jener Funke, den Prometheus den Göttern entwen-
dete, um den Menschen das Feuer zu bringen, sie
aus Kälte und Dunkelheit zu erlösen und ihnen eine
warme Mahlzeit auf den Tisch zu stellen. Seitdem
glimmt und glüht, blitzt, leuchtet und köchelt es
auf Erden an allen Ecken und Enden. Und manchmal brennt es auch. Das göttliche Energiefeld,
das in dem Ur-Funken steckt, hat seine mythische
Kraft bis heute bewahrt. Metaphorisch spannt der
Funke einen reichen Licht- und Bilderbogen durch
die Jahrtausende – theologisch, erotisch, politisch
oder technisch, um nur einige markante Stationen
zu benennen. Von dem Lebensfunken, der in der
Sixtinischen Kapelle von Gottes Zeigefinger auf
Adam überspringt, bis zu dem amourösen Funken-
flug in *Romeo und Julia*, von den funkensprühen-
den Elektrisiermaschinen, die die Phantasien des
18. Jahrhunderts beflügelten, bis zu den revolutionären Funken, die die Freiheitskämpfe des 19. Jahrhunderts angefacht haben, von Schillers Ode *Freude
schöner Götterfunken* bis zu dem von Hans Bredow
1919 geprägten Begriff Rundfunk – überall fliegen
die Funken.

Spark telegraphy – Funkentelegraphie – nannte 1897 Adolf Slaby, der den ersten Lehrstuhl für Elektrotechnik in Deutschland innehatte und selbst erfolgreich an Verfahren drahtloser Nachrichtentechnik experimentierte, die Sendeversuche Guglielmo Marconis im Bristolkanal. *Let it be so* war die erste Message, die über eine Distanz von sechs Kilometern drahtlos übertragen wurde. Das Experiment war gelungen, es hatte *funk*tioniert. Mit der *spark telegraphy* war der Grundstein für die Radiotechnik gelegt. Bis in die zweite Hälfte des 20. Jahrhunderts sprühten die Analog-Radios Funken. Da erinnert das berühmte magische Auge, das beim Einschalten langsam aufleuchtet und beim Abschalten leise verglimmt, an die Glühkathode in der Braunschen Röhre, die für die Rundfunktechnik bis zum Einsatz von Transistoren die Maßstäbe setzte.

Das Radio ist ein elektronisches Erleuchtungsmedium im Zeichen des Pyrozäns. Sein Betriebsgeheimnis liegt in einer frappanten Koppelung: kontrollierte Funkenentladung plus Sendungsbewusstsein. Die Emissionen des Radios sind unsichtbar, immateriell, ubiquitär. Elektromagnetische Wellen schicken drahtlos akustische Signale durch den Raum. Austragungsort ist der Himmel. Aber war der nicht bereits prominent besetzt und sollte, wie es im ersten Gebot heißt, von anderen Göttern frei bleiben? Bei dem Begriff Himmel handelt es sich zudem um ein Singularwort. Es kommt nur in der Einzahl vor – wie das All, das Nichts oder die

Dunkelheit. Offenbar duldet die christlich-abend-ländische Weltsicht für den Himmel kein plurales Konzept. Das hohe Zelt, das wie ein schützendes Dach über uns ausgespannt ist, beschreibt einen monotheistischen Raum. Deshalb kann es ihn nur im Singular geben.

Die Entwicklung der Radio-Technik holt nun den Himmel auf die Erde. Durch die Entdeckung der elektromagnetischen Felder, die im feinstofflichen Fluidum des Äthers pulsieren, erhält der Himmel eine neue Codierung. Seit dem Nachweis durch Heinrich Hertz, dass dieser Raum durch Wellen und Strahlen definiert ist, hat die religiöse Konnotation des Himmels weiter an Autorität eingebüßt und muss mit der physikalisch-technischen um die Lufthoheit konkurrieren. Das neue Paradigma lautet: Wo *heaven* war – der Sitz der Götter –, ist *sky* geworden, der Himmel als physikalischer Raum. In den Laboratorien und Forschungseinrichtungen der zweiten Hälfte des 19. Jahrhunderts erhielt die Entzauberung des Himmels den Segen der modernen Naturwissenschaften. Von dort ist der Funke auf die Gesellschaft übergesprungen, wo die Umcodierung des alten Himmels nicht überall fraglos hingenommen wurde. Sollte man das letzte Wort über den Himmel wirklich den Naturwissenschaftlern und Technikern überlassen, die nicht mehr anzubieten haben als elektromagnetische Felder, Wellen, Strahlen und Antennen? Ist Radio nicht Hausfriedensbruch im Vorzimmer Gottes?

Fremde Stimmen und Geräusche, die scheinbar aus dem Nichts kommen, dringen aus einem quaderförmigen, mit Magie aufgeladenen Kasten, der in der Ökonomie der Haushalte einen privilegierten Platz einnimmt. Gegen alle Evidenz schwirren die Stimmen körperlos im Raum und treiben den menschlichen Sinnesapparat in eine Wahrnehmungskrise. Auch befindet sich der Absender der Stimmen und Geräusche an einem Ort, der sich nicht zweifelsfrei lokalisieren lässt. Die Stimmen sind präsent, aber sie operieren auf einer anderen Wirklichkeitsebene. Bei Nachfragen antworten sie nicht. Sie sprechen, aber sie hören nicht. Diese verstörende Erfahrung, die das neue Hörmedium in die Welt bringt, spiegelt sich auch in einem Ausruf des Radiotheoretikers Rudolf Arnheim aus dem Jahre 1932: »Das leere Zimmer ist voller Menschen, die man verspürt, aber nicht sieht und daher auch nicht identifizieren kann. Das ist gespenstisch (...) Sie sind da und doch nicht da – Geister!«[1] Das Setting, nach dem der Rundfunk funktioniert, wirft Irritationen auf, die sich durch Erklärungen aus der Wissenschaft, so plausibel sie sein mögen, nicht einfach aus der Welt schaffen lassen. Woher kommen die Stimmen? Wer hat sie gerufen? Handelt es sich um eine Sinnestäuschung, um Phantomlaute, um Geisterstimmen? Sind fremde Mächte im Spiel?

---

1   Zit. nach: Ole Frahm, *Stimmen hören. Radio und Schizophrenie.* SWR2 Essay 10.11.2014, 22:05–23:00 Uhr (Übernahme von BR 08.06.2014).

Das also ist Radio, zumal in seinen Anfangsjahren, auch: Budenzauber mit einer Geräuschkulisse ungeklärter Provenienz. Die Skala der Irritationen reicht bei den Zeitzeugen der Einführung des Radios von ahnungslosem Staunen bis zu notorischer Verweigerung, von vorsichtiger Skepsis bis zu pathologischer Abwehr, von diffusem Schrecken bis zur ausgeprägten Paranoia. Im Untergrund entwickeln derweil die offenen Fragen ihre eigene Dynamik. Hocken in den Echokammern der Lautsprecher nicht Spukgestalten, Geister und Gespenster? Beginnt nicht gleich hinter der Stoffbespannung das Hoheitsgebiet des Übersinnlichen? Sind all diese akustischen Phänomene nicht die perfekte Camouflage für Stimmen aus dem Jenseits? Wurde nicht aus verschiedenen Quellen glaubhaft berichtet, man könne im Radio auf entlegenen Frequenzen den geheimen Botschaften von toten Verwandten lauschen?

Dabei könnte alles auch ganz einfach sein. Ist das Radio nicht Ansprache, stiftet Kontinuität, leistet den Hörerinnen und Hörern Gesellschaft, bildet Vertrauen und ist ein Fenster in die Welt draußen? Hat es nicht einen stabilen Realitätsbezug? Sicher, das Radio prägt Gewohnheiten, schafft Teilhabe und Bindung, bringt Struktur in Alltag und Leben. Es ist welthaltig, informiert und unterhält. Radio erdet. So ist es auch bei Irene und Jim. Aber so bleibt es nicht. In der Kurzgeschichte *Das grauenvolle Radio* des amerikanischen Schriftstellers John

Cheever aus dem Jahre 1954 erfährt das unverfängliche Hörvergnügen von einem Tag auf den anderen eine böse Wende. Im heimischen Empfangsgerät tun sich plötzlich Abgründe auf, in denen das Programm ein bedrohliches Eigenleben entwickelt. Und das kam so. Wie aus dem Nichts hatte das gute alte Radio aus den frühen Jahren von Jims und Irenes Ehe seinen Geist aufgegeben, und ein Ersatzgerät musste angeschafft werden. Irene war der neue Apparat, dessen Skalen in einem »bösartigen grünen Licht« erstrahlten, von Anfang an suspekt. Wie ein »feindlicher Eindringling« war er ihr vorgekommen. »Die gewaltigen Kräfte, die in dem häßlichen Eukalyptusgehäuse eingeschlossen waren«, hatten schon beim ersten Einschalten ihren Argwohn geweckt.[2]

Zuerst sind es nur Störungen, »knisternde Geräusche wie von einer brennenden Zündschnur«. (Da ist er wieder, der Funke.) Doch dann hört Irene »zwischen den Mozartmelodien das Klingeln von Telefonen, die Drehgeräusche von Nummernscheiben und das Brummen eines Staubsaugers«.[3] Kein Zweifel, diese Geräusche können nur aus den Nachbarwohnungen des Mietshauses kommen, in dessen zwölftem Stock die Westcotts wohnen. Wenige Tage später ertönen plötzlich fremde Stimmen aus dem

2 John Cheever, *Das grauenvolle Radio,* in: *Amerikanische Short Stories des 20. Jahrhunderts*, Hg. Günter H. Lenz. Stuttgart 1998, S. 191.
3 Ebd., S. 192.

Radio-Lautsprecher. Ganze Dialoge spulen sich da vor den Ohren von Irene ab. »›Hast du das gehört?‹ fragte Irene. ›Was?‹ Jim aß seinen Nachtisch. ›Im Radio. Ein Mann sagt mitten in das Prélude hinein etwas Unanständiges.‹ ›Vielleicht ist es ein Hörspiel.‹«[4]

Das Radioprogramm der Westcotts bestreiten in der Folgezeit die Nachbarn aus dem Mietshaus. Mal ertönen aus dem Lautsprecher Mitteilungen über den Lachsfang in Kanada, mal ist es eine Bridgepartie, mal eine Heimkinovorführung, mal ein erbitterter Familienstreit. Es dauert nicht lange, da ist Irene den Stimmen und Geräuschen, die aus dem Innern des Kastens mit dem magischen grünen Auge dringen, heillos verfallen. Schon tagsüber kann sie sich kaum dem Sog des intimen Programms entziehen; am Abend muss sie nur warten, bis Jim eingeschlafen ist. Dann stiehlt sie sich heimlich aus dem Bett, geht ins Wohnzimmer und stellt das Radio an. Eines Nachts kommt Jim ihr jedoch auf die Schliche und beschließt, dem Spuk ein Ende zu bereiten. Am nächsten Morgen ruft er den Reparaturdienst an und lässt das Gerät abholen.

Als der Apparat wenige Tage später zurückkommt, ist von seinem Doppelleben nichts geblieben. Das stattliche Eukalyptusgehäuse steht in dezenter Unschuld an seinem gewohnten Platz und sendet brav, was im Programmheft abgedruckt ist.

---

4 Ebd., S. 194.

Obwohl sich das neutralisierte Gerät nicht den geringsten Rückfall erlaubt, lastet die Hypothek der Geisterstunden schwer auf Irene und Jim. Die Unschuld des unbefangenen Hörens ist ein für allemal dahin. Als Jim seiner Frau im Streit vorhält, wie teuer die Reparatur des Apparats war, fleht sie ihn an, seine Stimme zu senken. »Denk an das Radio.« Aus dem Lautsprecher kommen indes nur freundliche und harmlose Stimmen. »Die Temperatur beträgt acht Grad, die relative Luftfeuchtigkeit neunundachtzig Prozent.«[5] Doch mit Beschwichtigungsrhetorik lässt sich Irene nicht mehr täuschen. Jetzt nicht mehr. Sicher kann sie sich nur dessen sein, was sie hört, was aus dem Gehäuse zu ihnen in die Wohnung hereindringt. Aber was dringt heraus? Was hören die anderen? Hören sie mit? »Denk an das Radio.«

Woher kommen die Stimmen im Radio, und was passiert mit ihnen, wenn sie so ohne Rückbindung an ihre Quelle durch den Äther schwirren? Das fragte sich auch Günther Stern (das ist der bürgerliche Name des Philosophen Günther Anders) in einem Aufsatz für die Zeitschrift *Anbruch* aus dem Jahre 1930. Seine Überlegungen hat er unter den Titel *Spuk und Radio* gestellt. Zur Erläuterung dieser unerwarteten Allianz von Ingenieursgeist und Geisterbeschwörung führt er eine Alltagsbeobachtung

---

5 Ebd., S. 205.

an, in der er die irritierende Ungleichzeitigkeit, die das Radio in die Welt bringt, anklingen lässt. »Man tritt aus dem Hause, die Musik aus dem Lautsprecher tönt noch im Ohre, man ist in ihr – sie ist nirgends. Man macht zehn Schritte und die gleiche Musik tönt aus dem Nachbarhause. Nun, da auch h i e r Musik ist, ist Musik h i e r und d o r t, lokalisiert und in den Raum gepflanzt wie zwei Pfähle. Aber es ist ja die gleiche Musik, hier singt X, was er dort begonnen. Man geht weiter – am dritten Hause setzt X fort, vom zweiten X begleitet, vom vorsichtigen X des ersten Hauses leise untermalt.«[6] Der Beobachter ist verstört und schließt: »Gibt der Mensch seine eigenen Produkte frei, so erntet er den Spuk. Erschreckend hört er die bellende Leinwand des Tonfilms und die doppelgängerhaften Stimmen des Radio.«

Wie kann eine Stimme dieselbe, die originale und unterschiedslose bleiben, wenn sie an keinen definierten Raum mehr gebunden ist, »doppelgängerhaft« aus mehreren Quellen gleichzeitig ertönt und in der ubiquitären Akustik des Radios allgegenwärtig wird? Oder wie der Literaturwissenschaftler Ole Frahm formuliert: »Die laute Stimme verteilt sich in der Ausstrahlung und bleibt doch mit sich identisch.«[7] Sie diffundiert in verschiedene Räume

---

6 Günther Stern, *Spuk und Radio,* in: Anbruch. Monatsschrift für moderne Musik, XXII. Jahrgang, Heft 2, Februar 1930, S. 65 f.

7 Ole Frahm, *Stimmen hören. Radio und Schizophrenie.* Ein Funk-Essay, Bayerischer Rundfunk 08.06.2004: Nachtstudio.

und bewahrt gleichwohl als einzelne Stimme ihre phonetische Singularität. Das grenzt an ein paranormales Phänomen. Der Spuk, so folgert Günther Anders im Jahre 1930, ist der Radiotechnik inhärent. In ihr macht sich ein Eigenleben bemerkbar, das in der doppelgängerhaften Radiostimme offenbar wird. Zwanzig Jahre später wird der Philosoph Günther Anders die Gefahr der Verselbständigung der Technik und die strukturelle Dominanz der Maschinen im Bezug auf eine andere Radio-Aktivität, nämlich auf *die* Radioaktivität, zum Gegenstand seiner Zivilisationskritik machen.

Auch dem *Weltbühne*-Autor und Bohemien Anton Kuh kommt das Radio unheimlich vor. 1930, im selben Jahr wie Günther Anders, bekennt er in einem Aufsatz für die Zeitschrift *Querschnitt:* »Ich fürchte mich vor dem Radio. Humanistisch gesinnte Menschen (im Gegensatz zu den Elektrotechnikern) befreunden sich schwer mit der neuen Erfindung. Ihre Phantasie (...), wiewohl doch gerade für Dichtungskraft und Blitzesschnelle bekannt – kommt nicht so rasch mit. Lange Zeit steht das technisch Neue in ihrem Dasein wie ein trojanisches Pferd, das die Götter zur Versuchung ins Leben hineinpraktiziert haben.«[8] Anton Kuh bittet um Bedenkzeit. Für die Nutzer der technischen Innovation, die das Radio darstellt, möchte er eine Schonfrist aushandeln.

---

8   Zit. nach Wolfgang Hagen, a. a. O., S. 87.

Zumindest solange nicht ausgemacht ist, was sich in dem Empfangskasten sonst noch verbirgt. Der Radioskeptiker plädiert nicht für einen neuen Versuch mit dem Medium. Das wäre die pragmatische Lösung. Es geht um nichts weniger als eine Versuchung. Die »Götter« haben sie in das menschliche Dasein »hineinpraktiziert«. Ein Versuch scheitert mitunter. Danach kann man es nochmal probieren. Einer Versuchung erliegt man. Danach ist es vorbei mit der Unschuld.

So harmlos und unverfänglich ist also die schöne neue Radiowelt nicht. Haben die »Elektrotechniker« bei der Entwicklung des Rundfunks fremden Mächten ins Handwerk gepfuscht? Kommt jetzt die Retourkutsche in Form von Stimmen und Geräuschen, die ihre verführerischen Botschaften unter die ahnungslosen Rundfunkempfänger aussenden? Gelangen mit den Wellen und Strahlen auch ungebetene Geisterfahrer ins Haus? Anton Kuh ist über die ungleiche Nachbarschaft im Himmel beunruhigt: »Was haben Götter mit Ingenieuren zu tun?« Ist es daher nicht konsequent genug, wenn sich das technische Innovationsmedium Radio als trojanisches Pferd in der guten Stube der übermütigen Erdbewohner erweist? Immerhin sind die Menschen mit ihrer Sende- und Empfangstechnik in fremdes Territorium vorgedrungen. »Die Menschheit hat den Weltraum zu ihrem Grammophon erniedrigt. Was soll da werden?« Für Anton Kuh ist Radio Frevel. Die »Elektrotechniker« haben sich mit der drahtlosen Übertragung von Stimmen und Geräuschen zu hoch hinausgewagt. »Vom Berge Sinai herab darf nur Gottes Stimme schallen.«[9]

Sicher, das ist Feuilleton. Aber Anton Kuh spielt doch auf ein ganzes Konglomerat gängiger Bedenken gegenüber dem neuen Massenmedium an, die bei denjenigen, die vom »Wunder«, von »Zauberei«, von »Magie« sprechen, metaphorisch aufgefangen werden, aber bei denen, die im Radio eine alberne »Modetorheit«, eine gefährliche »Geräuschmaschine« oder gar spiritistische Kräfte am Werk sehen, ein ganzes Arsenal von Abwehrmechanismen freisetzen. Ganz offensichtlich gibt es angesichts der technischen Entdeckung, dass elektromagnetische Wellen akustische Signale übertragen können, bei Menschen, deren Erfahrungshorizont von der mechanischen Physik geprägt ist, schwer überwindbare Widerstände. Wie groß die Herausforderung, die das neue Medium darstellt, gerade für diejenigen ist, in deren Phantasiehaushalt »Dichtungskraft und Blitzesschnelle« den Ton angeben, wird deutlich, wenn Anton Kuh den »humanistisch gesinnten Menschen« die »Elektrotechniker« entgegensetzt. Es ist wie so oft, wenn der Zug des technischen Fortschritts Fahrt aufnimmt. Die Ingenieure sitzen ganz vorne im Führerstand, und die Geistfraktion hockt im letzten Wagen und diskutiert über die Folgen.

---

9 Zit. nach W. Hagen, a. a. O., S. 88.

In die Sphären einer okkulten Radio-Metaphysik abzugleiten aber droht die Debatte um den Rundfunk, wenn es um jenen Stoff geht, der die verborgenen Wellen trägt. »Die Existenz des Äthers, auch ›Weltäther‹ genannt«, stellt der Radiotheoretiker Wolfgang Hagen fest, »ist die Basis des Wissens aller Elektroingenieure. Ein absurder Stoff, wie geschaffen für jede metaphysische Spekulation, phantasmatisch in seiner überbordenden Widersprüchlichkeit und deshalb nur in der Verbrämung eines Wissens haltbar, das sich in seinem Namen autoritär abkapselt: unsichtbar, unzusammendrückbar, so hart wie Diamant, dabei durchlässiger als Luft, aber völlig schwerelos (...)«[10] Dieser »absurde Stoff« wird zum Trägermedium jener Wellen, auf denen die Stimmen und Geräusche bis in den letzten Winkel der privaten Radio-Haushalte vordringen. Obwohl Albert Einstein, wie Hagen betont, zwar 1905 den Äther bereits »physikalisch erledigt« hatte, hielt sich das »Ätherparadigma« hartnäckig, weil auch Einsteins Relativitätstheorie nicht zeigen konnte, »wie elektromagnetische Wellen vom Mechanismus her sich fortbewegen«.[11] Wie sollte da das neue Medium Rundfunk mit seinen ungeklärten Fragen zur Herkunft der körperlosen Stimmen und der dislozierten Geräusche nicht auch einen ver-

---

10 W. Hagen, a. a. O., S. 72.
11 Ebd., S. 27.

unsicherten Humanisten wie Anton Kuh oder den in seiner Wahrnehmung irritierten Hörer Günther Anders zu skeptischen Interventionen provozieren?

Man kann das irritierende Moment, das mit dem Phänomen Rundfunk in die Welt kommt, aber auch soziologisch beschreiben wie der Medienwissenschaftler Dominik Schrage: »Die Radiophonie steht für eine neuartige Koppelung individueller Sinneswahrnehmung und sozialer Wirklichkeit und bringt so eine neuartige hochabstrakte Facette artifizieller Wirklichkeit hervor: die Radioöffentlichkeit.«[12] Solange diese »hochabstrakte Facette« des neuen Mediums nicht in die soziale Lebenswirklichkeit der Hörerinnen und Hörer integriert ist, solange die individuelle Wahrnehmung auf sich selbst verwiesen bleibt und die künstlich erzeugten Stimmen und Geräusche, die das Inventar der radiospezifischen Öffentlichkeit bilden, sich nicht konkret rückbinden lassen, können sie frei flottieren und die Phantasien wuchern lassen.

Einen aggressiven Vorstoß, das »hochabstrakte« Potential, das in der Radioöffentlichkeit liegt, propagandistisch scharf zu machen und als manipulatives Instrument einzusetzen, wird das gleichgeschaltete Radio der Nationalsozialisten unternehmen. Da skandieren die Stimmen, die der Apparat ver-

---

12 Dominik Schrage, *Psychotechnik und Radiophonie. Subjektkonstruktionen in artifiziellen Wirklichkeiten 1918–1932*. München 2001, S. 9.

sammelt, plötzlich grelle Kommandos, differenzierte Zwischentöne werden in unzweideutige Befehle umgemünzt, und aus Hören wird Gehorchen. Aber ganz so eindimensional funktioniert der gleichgeschaltete Rundfunk dann doch nicht. In einer geschickt austarierten Dramaturgie beschwören die Stimmen im Radio der Nationalsozialisten nicht nur die neue Volksgemeinschaft oder reden den unbedingten Willen zu Kampf und Verteidigungsbereitschaft stark, sondern geben auch Raum für den Wunsch der Hörergemeinde nach Zerstreuung und Abwechslung. Je weiter das unmittelbar erfahrbare Kriegsgeschehen in das konkrete Alltagsleben vorrückt, desto lauter und eindringlicher tönt ein demonstrativ beschwichtigendes Unterhaltungsprogramm aus den Lautsprechern. Das helle Tremolo der Radiowelt soll die dunklen Signale des Fliegeralarms übertönen. Noch die verzweifelten Durchhalte-Parolen der letzten Kriegsmonate werden von einem bunten Musikprogramm gerahmt. Im Volksempfänger senden das »Wunschkonzert« und der »totale Krieg« auf derselben Frequenz.

Der Begriff *Spuk,* mit dem Günther Anders die »doppelgängerhaften« Radiostimmen charakterisiert hatte, erfährt indes schon ein gutes Jahrzehnt vor seinem 1930 erschienenen Aufsatz eine signifikante Konkretisierung. Der Spuk geistert bereits durch die Gründungsurkunde des zivilen Radios. Damals war diese Zuschreibung politisch motiviert,

71

nicht wie bei Anders medienkritisch. »Funkerspuk« nannte man ein neues Bedrohungsszenario, das sich im Zuge der Novemberrevolution 1918 um jene aus dem Krieg zurückgekehrten Militärfunker und Nachrichtentechniker entspann, die, nun zu Räten zusammengeschlossen, ein Kommunikationsnetz aufbauten, in dem der Zentralsoldatenrat der Funker die Koordination übernahm.

Als am 9. November 1918 in Berlin das Wolffsche Telegraphen-Büro besetzt wurde, brannte die Luft. Dieses Mal entzündete der revolutionäre Funke die Hauptstadt, und für einen Moment stand der gewaltsame Umsturz in eine Rätedemokratie am Horizont. Der Radiohistoriker Chup Friemert beschreibt die brisante Lage, die durch die Besetzung einer der größten Nachrichtenagenturen entstanden war: »Das Nervenzentrum kriegerischer Presseberichterstattung ist für kurze Zeit in der Hand der Revolutionäre, über dieses Kommunikationsnetz wird die Nachricht vom Aufstand verbreitet.«[13] Gleichzeitig beanspruchten die Arbeiter- und Soldatenräte die Kontrolle über das deutsche Funknetz, das der deutschen Reichspost unterstand. Es ging um nichts weniger als die Funkhoheit im Land. Die Errichtung eines von der Reichspost unabhängigen Funknetzes scheiterte, doch die Angst vor

---

13 Chup Friemert, *Radiowelten. Zur Ästhetik der drahtlosen Telegrafie*, Schriftenreihe der Hochschule für Gestaltung Karlsruhe. Stuttgart 1996, S. 10.

weiteren Übergriffen der aufständischen Räte ließ sich nicht mehr aus der Welt schaffen. »Die Kontrolle über das Funkwesen holen sich das Militär und die Bürokratie zurück, gleichwohl bleibt die Erinnerung an den ›Funkerspuk‹, an die Möglichkeit, daß bei Aufständen oder schon bei weniger zugespitzten Klassenauseinandersetzungen die Feinde über ein Funknetz zur Kommunikation verfügen.«[14]

Ob die Funker wirklich einen revolutionären Umsturz herbeiführen wollten oder, wie Wolfgang Hagen vermutet, als »ein Haufen eher unpolitischer, funkversessener ehemaliger Angehöriger der Funkertruppen (...) ganz ähnlich wie die kriegsentlassenen Funkamateure in den USA die neue Technologie der Radiotelegrafie und der Radiotelefonie überhaupt erst einmal in Gang bringen« wollten[15], im Ergebnis hat ihr »Funkerspuk« dazu geführt, dass noch vor der offiziellen Einführung des Radios in Deutschland die Reichspost mit einem eigenen Referat für das Funkwesen ausgestattet wurde. Damit sollte zumindest der politisch induzierte Spuk, den die neue Technik heraufbeschworen hatte, administrativ eingebunden und unter staatliche Kontrolle gebracht werden. Der Medientheoretiker Friedrich Kittler bringt diese Entwicklung lapidar auf den Punkt: »Einfach um anarchistischen Miß-

---

14 Ebd.
15 W. Hagen, a. a. O., S. 67.

brauch von Heeresfunkgerät zu verhindern, erhielt Deutschland seinen Unterhaltungsrundfunk.«[16]

In dem »scheinbar harmlosen« Namen jener *Gesellschaft für drahtlose Belehrung und Unterhaltung*, die am 29. Oktober 1923 die erste Radiosendung in den Äther schickte, drückt sich indes, wie die Rundfunkhistoriker Hans Knobloch und Bernt von zur Mühlen betonen, bereits der »Geburtsfehler des Rundfunks in Deutschland« aus. »Er startete als staatlich gelenktes und nicht als ein von einem breiten Publikum wie in Amerika getragenes Medium. Die Furcht vor unkontrollierten Funken, die in den Nachwehen der Novemberrevolution von 1918 auf die Arbeiterbewegung überspringen konnten, ›selbstzensierte‹ den Rundfunk auf einen ›Kulturauftrag‹, im Ton betulich bildungsbürgerlich. An den ›heißen Eisen‹ der politischen gesellschaftlichen Themen wurde vorbeigefunkt. Die instabile Weimarer Republik wich der Frage aus, was ein Massenmedium mit der Masse anstellen könnte. Die Antwort lieferten, mit furchtbaren Konsequenzen, die Nationalsozialisten.«[17]

---

16 Friedrich Kittler, *Grammophon Film Typewriter*. Berlin 1986, S. 150.

17 Hans Knobloch/Bernt von zur Mühlen, *Hundert Jahre Wunschmaschine*, Frankfurter Allgemeine Zeitung, 22.12.2020. Der Medientheoretiker Wolfgang Hagen kommt zu einem ähnlichen Befund, wenn er »die klare Absicht« der Weimarer Bürokratie hervorhebt, »das Radio frei von jeglicher Politik zu halten (...) eingezwängt in die Funktion eines bloßen ›Kulturinstruments‹« (ebd., S. 105 f.).

74

» Die Eingeweide durchwühlen «

Propaganda Radio

WAS passiert beim Konservieren einer Stimme? Lagern sich bei jeder Tonaufnahme winzige Partikel ihres Volumens in den Rillen einer Schallplatte oder auf der magnetisierten Schicht eines Tonbands ab und lassen die Stimme am Ende tonlos zurück? Handelt es sich bei den technischen Aufzeichnungsmedien um Apparaturen, die den Menschen ihre Stimme stehlen? Und was passiert bei der Artikulation von Lauten mit den empfindlichen Sprechorganen in unserer Kehle? Hinterlässt jeder heftig hervorgestoßene Ton, jeder Schrei, eine kleine Kerbe auf den überdehnten Stimmbändern, die so bis ans Lebensende gekennzeichnet bleiben? Die Narben auf den Stimmbändern, davon ist der Phonetiker Hermann Karnau überzeugt, bilden ein »Verzeichnis einschneidender Erlebnisse, akustischer Ausbrüche, aber auch des Schweigens«. Am liebsten würde er sie »mit den Fingern abtasten«, um ihre »Fährten, Haltepunkte und Verzweigungen« zu spüren. »Dort, in der Dunkelheit des Kehlkopfs: Das ist deine Geschichte, die du nicht entziffern kannst.«[1]

---

1   Marcel Beyer, *Flughunde*. Frankfurt am Main 1995, S. 21 f.

Hermann Karnau ist ein emphatischer Akustiker, ein besessener Stimmenarchäologe und ein hochprofessioneller Beschallungsspezialist. In Marcel Beyers Roman *Flughunde* arbeitet er an einer Kartographie aller menschlichen Laute vom zartesten Hauch bis zur brachialen rhetorischen Eruption, vom beiläufigen Alltagsgeräusch bis zum infernalischen Schmerzensschrei. Hermann Karnau ist ein akribischer Lautarchivar, der wie ein Briefmarkensammler nach Vollständigkeit strebt. Weiße Flecken auf der Karte der Töne und Geräusche sind ihm ein steter Ansporn. Als jemand, der alle menschlichen Verlautbarungen penibel aufzeichnet, kennt er sich nicht nur bestens mit den natürlichen Lauten aus, sondern er verfügt auch über alle Tricks und Tools ihrer technischen Verstärkung. Hermann Karnau ist Experte für die totale Körperbeschallung. Hermann Karnau ist Goebbels' Tonmann. Sein Spezialgebiet ist der Soundtrack des Terrors.

Die »gigantische Beschallungsanlage«, die Karnau für die Exzesse der nationalsozialistischen Propagandamaschine entwickelt hat, ist darauf ausgelegt, die Körper der Menschen zu ergreifen und sie »in fortwährende Erschütterungen« zu versetzen. Ihren Resonanzboden findet diese bombastische Lärmwalze weniger in den Köpfen als vielmehr in den Innereien der Zuhörerinnen und Zuhörer. »Wenn sie nicht den Sinn der Töne auffassen können, so wollen wir ihnen die Eingeweide durchwühlen. Wir steuern die Anlage aus: Die hohen Frequenzen für die Schädelknochen, die niedrigen für den Unterleib. Tief in die Dunkelheit des Bauches sollen die Geräusche reichen.«[2] Dabei rollt die Bedröhnungsattacke, von einer entfesselten Rhetorik hochgepeitscht, so gnadenlos in die Menge hinein, dass jede Form von Abwehr vergeblich ist. Die Ohren mit den Händen zu bedecken, wäre naiv und zwecklos. »Es dröhnt so laut, es könnte einem das Mark aus den Knochen treiben. Mit ungeahnter Wucht werden hier Luftmassen umgewälzt.«[3]

Neben seiner Funktion als Techniker totaler Tonexzesse ist Karnau jener Stimm- und Geräuschkartograph, der sich als Wissenschaftler fühlt und ganz in der Logik der nationalsozialistischen Menschenexperimente das »Material« für sein Archiv aller menschlichen Lautäußerungen in Wehrlosen, Häftlingen, Verwundeten und Todgeweihten findet. Zudem dient er dem Reichsminister für Volksaufklärung und Propaganda, dessen Namen Marcel Beyer ausspart, als Betreuer seiner sechs Kinder. Deren Stimmen, die in seiner Obhut unbefangen und arglos manche Interna aus dem elterlichen Haus ausplaudern, schenkt der nette »Herr Karnau« zunächst keine Beachtung. Erst als im April 1945 im Führerbunker das Ende der Kinder naht, installiert er unbemerkt ein Aufnahmegerät unter ihren Betten und hört sie ab.

---

2   Ebd., S. 14.
3   Ebd., S. 15.

Ein größeres Konvolut abgehörter Kinderstimmen wird es indessen nicht mehr geben. Wenige Tage, nachdem Karnau seine Anlage installiert hat, bekommen die Kinder in ihren Betten Besuch von Dr. Kunz. Der Arzt hat eine Spritze dabei. »Erst Helga, dann Hilde, Helmut, Holde, Hedda und Heide, dem Alter nach, je nullkommafünf Kubikzentimeter am Unterarm eingespritzt, um die Kinder schläfrig zu machen.«[4] Nach der Injektion verlässt Dr. Kunz den Raum, um kurze Zeit später mit der Mutter der Kinder zurückzukehren. »Kunz blickt auf seine Uhr: 20 Uhr 40. Dann betreten sie das Kinderzimmer erneut, wo die Mutter ungefähr fünf Minuten braucht, um jedem Kind eine zerdrückte Ampulle Zyankali in den Mund zu legen. So, jetzt ist Schluss mit allem.«[5]

Jenen Hermann Karnau, den Marcel Beyer zum Protagonisten eines fiktiven Handlungsgeschehens macht, gab es wirklich. Er war Wachmann im Berliner Führerbunker. Für seinen Roman hat Beyer die Figur aus verschiedenen historischen Dokumenten und Quellen neu konstruiert. So kommt es zu dieser exemplarischen Doppelfunktion von fanatischem Beschallungsexperten und peniblem Lautarchäologen. Die Kulturwissenschaftlerin Claudia Schmölders attestiert in ihren Ausführungen zur

---

4   Ebd., S. 288.
5   Ebd., S. 288.

Klanggestalt des Dritten Reiches der Romanfigur
Hermann Karnau, dass »die Geschichte des Akusti-
kers bei Licht besehen nichts anderes ist als eben die
ausgearbeitete, durchphantasierte Geschichte eines
Schizophrenen, der nicht nur Stimmen hört, sondern sie geradezu hören will«, ja, sie sogar provo-
ziert – könnte man ergänzen –, um sie in sein Archiv
der Lautäußerungen von Wehrlosen und Todgeweihten einzuspeisen. So entsteht eine »akustische
Landkarte des Menschenschalls, aus der Hand eines
geisteskranken, im übrigen aber befremdlich lyri-
schen Sadisten«.[6]

Mit dieser Konstruktion, in deren Fokus die Romanfigur Hermann Karnau steht, hat der Schriftsteller Marcel Beyer ein zentrales Element des Nazi-
Regimes zum Movens seines Romans gemacht. Die
suggestiven Inszenierungen des Propaganda-Appa-
rats setzten nämlich ganz auf akustische Medien,
um auf diesem Wege ihr Programm zur Infiltration
der Körper zu realisieren. »Wir haben uns daran
gewöhnt, die mediale Diktatur des Dritten Reiches
in der meisterlichen Beherrschung von visuellen
Strategien zu erkennen«, hält Claudia Schmölders
fest, »doch dürften viel stärker als die Filme und
Umzüge oder choreographierten Versammlungen

6 Claudia Schmölders, *Die Stimme des Bösen. Zur Klanggestalt des Dritten Reiches*, in: Merkur. Deutsche Zeitschrift für europäisches Denken, Heft 581, August 1997, S. 682.

die akustische Präsenz und Repräsentanz Hitlers zur Unterwerfung beigetragen haben.«[7] Erst wenn jeder einzelne (Unter-)Leib ein Teil des großdeutschen Volkskörpers geworden ist, dürfen die Tonmeister Vollzug melden.

Einer, der um die mediale Macht gesprochener Worte wusste, war Eugen Hadamovsky. Seit 1931 führte er die Verbandsgruppe Nationalsozialisten im Reichsverband Deutscher Rundfunkteilnehmer an, bis er am 7. Juli 1933 von Goebbels zum Reichssendeleiter ernannt wurde. Der Auftrag, den der Reichspropagandaminister ihm ins Stammbuch geschrieben hatte, war klar definiert: die Gleichschaltung des deutschen Rundfunks. Hadamovsky hatte bereits in den ersten Monaten nach der nationalsozialistischen Machtübernahme durch sein organisatorisches Geschick bei der Übertragung öffentlicher Rundfunkansprachen Adolf Hitlers die Partei auf sich aufmerksam gemacht. Bald nach seiner Ernennung zum Reichssendeleiter verfasste er eine programmatische Schrift über den *Rundfunk im Dienste der Volksführung*. Darin hielt er fest, dass »der nationalsozialistische Mensch« für seine Weltanschauung ein »Instrument« gesucht habe, »das die neuen Werte seiner Weltanschauung von Blut und Boden, Rasse, Heimat und Nation dar-

---

7   Ebd., S. 682.

stellen könnte. Dieses Instrument fand der Nationalsozialismus im Rundfunk.«[8] Mit dem Dreiklang von Hören, Gehorchen und Zugehören sollte der nationalsozialistische Untertan durch das Radio gefügig gemacht werden. Stellte sich zudem Hörigkeit ein, hatte das Instrument Rundfunk ganze Arbeit geleistet.

Dass Hadamovsky die Anweisung zur Gleichschaltung des deutschen Rundfunks nicht nur als eine Erwartung an seine Person und an sein Amt ansah, sondern geradezu als heilbringende Mission verstand, davon legt das in Weihrauch geschwenkte Vokabular, das er 1934 für die Zukunft eines gleichgeschalteten Rundfunks bemühte, beredtes Zeugnis ab. »Was das Gebäude der Kirche für die Religion, das wird der Rundfunk für den Kult des neuen Staates sein. Der Rundfunk ist nun nicht länger im physikalisch-technischen, sondern endlich im geistigen Sinne ›Sendung‹. Jeder Funkschaffende ist Träger nationalsozialistischer Sendung, ein Propagandist und Apostel der Idee.«[9] Die Nähe des neuen Staates zu einem Kult dürfte Goebbels noch geschluckt haben, die sinnbildliche Parallelführung von Rundfunk und Kirche hat ihm vermutlich

---

8 Zit. nach Arnulf Kutsch, *Rundfunkwissenschaft im Dritten Reich. Geschichte des Instituts für Rundfunkwissenschaft der Universität Freiburg.* München/New York/London/Paris 1985, S. 317.

9 Eugen Hadamovsky, zit. nach Claudia Schmölders, a. a. O., S. 683.

weniger geschmeckt. Dass indes der sendebereite Funk-Propagandist mit dem Verkündigungsethos eines christlichen Apostels *gleichgeschaltet* wird, ist dem Reichsminister für Volksaufklärung und Propaganda mit Sicherheit bitter aufgestoßen.

Je weiter sich der nationalsozialistische Machtapparat in alle Lebensbereiche ausbreitete und mit dem deutschen Angriffskrieg die Weltherrschaft für sich reklamierte, desto stärker fühlte sich Goebbels in dem Verdacht bestärkt, dass er Hadamovskys Fähigkeiten überschätzt habe. Schließlich entließ er ihn wegen »offensichtlicher Unfähigkeit« aus allen Ämtern und machte 1942 einen alerten Journalisten, der sich durch seine wöchentliche Sendung *Hier spricht Hans Fritzsche* als linientreuer Parteisoldat erwiesen hatte, zum Generalbevollmächtigten für die politische Organisation des Großdeutschen Rundfunks.

Hans Fritzsche war ein Mann, der um markige Worte nicht verlegen war. Von ihm ist der Vergleich der Radiowelle mit einer Kanone überliefert, »die durch jede Mauer schießt«.[10] Wo in den Gründerjahren des Rundfunks der Weimarer Republik der selbstgestellte Programmauftrag durch einen Kanon definiert wurde, der sich auf Kultur- und Bil-

---

10 Hans Fritzsche (1937) in der Zeitschrift *Weltrundfunk* über das Radio. Zit. nach Gerald Hühner, *»Zwei mal zwei ist vier?«* *Mutmaßungen über Selbstverständliches*, Heidelberg und Berlin 2016, S. 189. Hühner bezieht sich auf Michael Köhler, *Radio im totalen Krieg*, Frankfurter Rundschau 31.10.1992.

dungspostulate berief, wird im Propagandaradio der Nationalsozialisten jede harmlose Radiowelle zu einer scharf gemachten Kanone.[11] Jetzt ist es aus mit der Affinität von Rundfunk und Kirche, fortan herrscht im Radio die Logik der Waffen. »Wenn ich das Wort Kultur höre, entsichere ich meine Browning«, heißt es im ersten Akt des Dramas *Schlageter*, das aus der Feder des Schriftstellers und Nazi-Funktionärs Hanns Johst stammt. Das Stück wurde am 20. April 1933 zu Hitlers Geburtstag uraufgeführt. Später hat die Sentenz, die das Wort Kultur mit dem Entsichern eines Revolvers kurzschließt, sich verselbständigt und wurde Goebbels, Himmler und Göring zugeschrieben. Es passt auf jeden von ihnen.

So rund, wie Goebbels sich das wünschte, lief die nationalsozialistische Propagandamaschine indessen nicht an. Während unmittelbar nach der Machtübernahme damit begonnen wurde, den Rundfunk gleichzuschalten und zur »geistigen Rüstungszentrale der Nation« (Hadamovsky) auszubauen, gab es eine beträchtliche Anzahl von Hörerinnen und

---

11 Die Instrumentalisierung der Radiotechnik als Waffe – freilich in umgekehrte Richtung – hatte zur selben Zeit (1937/38) auch Brecht mit seinem Sonett *Vorschlag, für den Krieg mit Hitler schießbare Radioempfangsgeräte zu bauen*. In: *Große kommentierte Berliner und Frankfurter Ausgabe*, Bd. 14. Frankfurt a. Main/Berlin 1993, S. 425 f., zit. nach: Jochen Meißner, *Das Prinzip Live – Krieg im Hörspiel*, in: *Krieg in den Medien*, Hg. Heinz-Peter Preußer. Amsterdam/New York 2005, S. 175.

Hörern, die den neuen Ton, der aus den Lautsprechern dröhnte, kategorisch ablehnten und ihr Radio abschalteten, wenn die neue Führungselite das Wort ergriff. Andere hingegen hörten um so genauer hin. Claudia Schmölders zitiert einen Brief, den der Satiriker und *Weltbühne*-Autor Kurt Tucholsky am 4. März 1933 an den Schriftstellerkollegen Walter Hasenclever adressierte. Das Wort Radio verliert in den Zeilen Tucholskys seine »Neutralität« und wird zum Maskulinum.

»Vorgestern haben wir hier einen Radio installiert und Adolf gehört. Lieber Max, das war sehr merkwürdig. Also erst Göring, ein böses, altes blutrünstiges Weib, das kreischte und die Leute richtig zum Mord aufstachelte. Sehr erschreckend und ekelhaft. Dann Göbbeles mit den loichtenden Augen, der zum Vollik sprach, dann Heil und Gebrüll, Kommandos und Musik, riesige Pause, der Führer hat das Wort. Immerhin, da sollte nun also der sprechen, welcher (...) ich ging ein paar Meter vom Apparat weg und ich gestehe, ich hörte mit dem ganzen Körper hin. Und dann geschah etwas sehr Merkwürdiges. Dann war nämlich gar nichts. Die Stimme ist gar nicht so unsympathisch, wie man denken sollte – sie riecht nur etwas nach Hosenboden, nach Mann, unappetitlich, aber sonst geht's. Manchmal überbrüllt er sich, dann kotzt er. Aber sonst: nichts, nichts nichts. Keine Spannung, keine Höhepunkte, er packt mich nicht, ich bin doch schließlich viel zu sehr Artist, um nicht noch selbst in solchem Burschen das Künstlerische zu bewundern, wenn es da wäre. Nichts. Kein Humor, keine Wärme, kein Feuer, nichts.«[12]

Dass Hitler, wie Claudia Schmölders an anderer Stelle bemerkt, ein »charismatischer Redner« war, »ein klassischer Demagoge, lange vor der Etablierung des Rundfunks und vor der Erfindung des Lautsprechers«[13], dürfte Kurt Tucholsky nicht entgangen sein. Sicher hat er die Aufnahmen Heinrich Hoffmanns aus dem Jahre 1927 gesehen, die einen wild gestikulierenden, um dämonische Strenge ringenden Volkstribun zeigen, dessen Körpersprache das ganze Register furchtlos-entschlossener Posen durchdekliniert. Die prasselnden Wortkaskaden und das rhetorische Stakkato von Volk und Kraft und Wille und Ehre und Heldentum und Schicksal und Wahrheit musste man, um diese Fotos zu lesen, gar nicht mehr hören. Wenn dennoch der Funke im Radio nicht übersprang und von den rhetorischen Fähigkeiten Hitlers nicht viel übrigblieb, liegt das vermutlich daran, dass der Volksredner im schalltoten Raum eines Radiostudios das »Feuer«, von dem Tucholsky sprach, nicht entfachen konnte. Hitlers verbale Tiraden zündeten ohne

---

12 C. Schmölders, a. a. O., S. 684.
13 C. Schmölders, *Stimmen von Führern. Auditorische Szenen 1900–1945,* in: *Zwischen Rauschen und Offenbarung. Zur Kultur- und Mediengeschichte der Stimme,* Hg. Friedrich Kittler, Thomas Macho, Sigrid Weigel. Berlin 2002, S. 175.

Publikum nicht. Er wollte gesehen werden, seine theatralische Mimik und sein energisches Posieren zur Schau stellen. Ohne Claqueure wird der Volkstribun zum Trockenschwimmer.

Dass der selbsternannte Führer den stimulierenden Live-Kick johlender Massen brauchte, und, ganz im Gegensatz zu »Göbbeles«, am Studiomikrofon zu einem brabbelnden Wortdrechsler wurde, dessen rhetorische Attacken sich als kraftlose Rohrkrepierer erwiesen, weiß auch Wolfgang Hagen zu berichten. Über den frisch gekürten Reichskanzler Hitler, der soeben »zum ersten Mal allein vor einem Mikrophon« gesprochen hatte, heißt es: »Es war ein Debakel. Die Rede war erschreckend unverständlich, so gar nicht ›hitlerisch‹, gemurmelt, genuschelt, ohne Kraft. Hitler musste sie tags darauf sogar wiederholen, aber noch immer war sie weit entfernt von seiner normalen Redefähigkeit. Sein gestörtes Verhältnis zu abgekapselten Radiomikrofonen behielt Hitler bis zum Ende. Es gibt keine Studioaufnahme seiner Stimme. Das ist eine lehrreiche Paradoxie des Faschismus. Der Führer, dessen Name für das nun kommende Radio stand, kann dort nicht sprechen, wo das Radio Radio ist, nämlich dort, wo es seine eigenen publikumslosen Schallräume hat.«[14]

Diese Diagnose legt nahe, dass Tucholsky in seinem Urteil über die frühe Radioansprache Hitlers

---

14   W. Hagen, a. a. O., S. 113.

nicht von Ressentiments oder Schadenfreude getrieben war, sondern eine realistische Schilderung von dem dürftigen Auftritt dieses »Burschen«, dessen Stimme so »unappetitlich« nach »Hosenboden« riecht, gegeben hat. Wenn dessen Reden fortan im Rundfunk übertragen wurden, waren sie vorher mit Publikum aufgezeichnet worden oder wurden live gesendet. In seiner letzten Rundfunkansprache am 30. Januar 1945, dem zwölften Jahrestag der Machtübernahme, knistert endgültig kein Feuer mehr, sondern allenfalls das Manuskriptpapier in seinen zittrigen Fingern. In litaneihaft starrem Ton trägt Hitler, das nahe Ende vor Augen, Rechtfertigungsphrasen und Durchhalteparolen vor. Selbst die harten Konsonanten r, t und k, die ihm gemeinhin wie schneidend-scharfe Geschosse aus dem Mund schnellen, klingen nun stumpf und abgegriffen. Auch da, wo er nochmal einen rhetorischen Felgaufschwung probt, um sich zu alter Form hochzuschaukeln, verebbt seine Rhetorik erschöpft im Selbstzitat. Das Feuer, das nun endgültig aus seiner Stimme gewichen ist, tobt an den immer näher rückenden Frontlinien und in den Straßenschluchten von Berlin wie all der anderen Städte im Land, die im Bombenhagel der letzten Kriegsmonate untergehen. Die Lautsprecher des nationalsozialistischen Rundfunks und die Beschallungsexzesse der Aufmärsche und Paraden sind von den Sirenen des Fliegeralarms längst übertönt worden.

Eine unüberhörbare Pointe liegt in Tucholskys Bezeichnung für jenen Apparat, der ihm »Heil und Gebrüll, Kommandos und Musik« ins Haus liefert, als »einen Radio«. Das Radio der Weimarer Republik hat seine »Neutralität« eingebüßt und ist unter der Domestizierung durch die männlich majorisierten braunen Machthaber zum Maskulinum mutiert. Folgerichtig heißt es jetzt *der* Radio oder, um an die Sprachregelung der Nationalsozialisten anzuschließen: *der* Volksempfänger. VE 301 lautete das Kürzel für die neue rundfunktechnische Wunderwaffe, wobei das VE für Volksempfänger steht und die 301 für den 30. 1., jenen Tag des Jahres 1933, an dem Hitler sich zum Reichskanzler ausrufen ließ. DAF 1011 hieß ein anderes Modell, das an ein weiteres hochsymbolisches Datum anknüpft. DAF ist die Abkürzung für die Deutsche Arbeitsfront, den Einheitsverband der Arbeitnehmer und Arbeitgeber. Die Zahl 1011 bezieht sich auf den 10. November 1933. An diesem Tag standen zur Mittagszeit im Deutschen Reich alle Maschinen still, und in den Fabrikhallen und Betrieben wurden die Radioempfänger oder die dort installierten Lautsprecher-Anlagen eingeschaltet.

Es folgte eine Übertragung aus den Siemens-Werken in Berlin, wo zunächst Goebbels einige Grußadressen übermittelte, bevor der »Führer« an die Mikrofone trat, um das Wort an die Arbeiterinnen und Arbeiter in den Werkshallen vor Ort zu richten. Derweil horchten draußen im Land Millionen

Volksgenossen, die ihre Arbeit unterbrochen hatten, aufmerksam an den Geräten. Mit solchen medial inszenierten Großereignissen propagierten die neuen Herren im Deutschen Reich ihren Machtwillen und organisierten Gefolgschaft. Der in hohen Stückzahlen gefertigte Volksempfänger wurde von Beginn an zum massentauglichen Transportmittel des nationalsozialistischen Weltbilds: »The medium ist the message«.

Der Rundfunk als »allerwichtigstes Massenbeeinflussungsinstrument«, hatte Goebbels schon im März 1933 dekretiert, müsse die Volksgemeinschaft so »innerlich durchtränken mit den geistigen Inhalten unserer Zeit, daß niemand mehr ausbrechen kann«.[15] Folglich durfte keine Anstrengung ausgelassen werden, bevor die »Omnipräsenz des Radios« (W. Hagen) nicht umgesetzt war. Auf Druck der neuen Reichsregierung hatte die konzertierte Aktion der deutschen Radioindustrie, ein massentaugliches Empfangsgerät auf den Markt zu bringen, bereits im Frühjahr 1933 konkrete Gestalt angenommen. 28 Radiofabriken und 59 Zulieferbetriebe legten eine erste Serie von 100.000 Exemplaren auf. Im November 1933 waren es schon 500.000.

Im Vergleich zu einem Gerät der gehobenen Kategorie, das zwischen 200 und 400 Reichsmark kostete, war der VE 301 mit einem Preis von 76 Reichsmark

---

15   Zit. nach Ansgar Diller, *Rundfunkpolitik im Dritten Reich.* München 1980, S. 144.

durchaus erschwinglich, zumal die Möglichkeit zur Ratenzahlung ausdrücklich eingeräumt wurde. Die Einzelbeträge wurden dann zusammen mit der Stromrechnung einbehalten. »Anfang 1933 hatte es nur knapp über vier Millionen Empfangsgeräte gegeben (...) 1938 gab es neun Millionen Rundfunkteilnehmer (...) Der im selben Jahr auf den Markt gebrachte ›Deutsche Kleinempfänger‹ (Preis 35 Mark), vom Volksmund ›Goebbels-Schnauze‹ getauft, trieb die Anmeldungen schließlich noch einmal schwunghaft in die Höhe: auf fast 16 Millionen Rundfunkteilnehmer 1941.«[16]

Während sich der Volksempfänger an den Mindeststandards orientierte, brachten große Hersteller wie Telefunken oder Blaupunkt weiter ihre teuren und komfortableren Modelle auf den Markt. Diese in Technik und Gestaltung aufwändigeren Rundfunkapparate hatten die einfache Gehäuseästhetik der frühen Weimarer Zeit hinter sich gelassen und gefielen sich nun, wie Chup Friemert bemerkt, in »dekorativer Kleinarchitektur« und geradezu »neoklassizistischer« Formgebung. Dagegen kann man mit der simpel gehaltenen Kunststoffverkleidung und der schlecht lesbaren unbeleuchteten Senderskala eines Volksempfängers keinen Designpreis gewinnen. Sehr wohl aber, wie sich gezeigt hat, einen Staat machen. Und genau dafür war das

---

16 Norbert Frei/Johanes Schmitz, *Journalismus im Dritten Reich*. München 1989, S. 84.

Gerät konzipiert worden. Seine reduzierte Ästhetik korrespondierte mit einer klar definierten Funktion. »Beim Volksempfänger dominiert das Rund des Lautsprechers. Das brüllende Loch verwandelt (...) das Hören-Können in ein Hören-Sollen.«[17]

So populär der Volksempfänger im Lauf der Jahre wurde, unter den ehemaligen Militärfunkern oder bei den avancierten Amateuren, die in der sozialistisch geprägten Arbeiterradiobewegung der 1920er Jahre ihr Handwerk gelernt hatten, konnte Goebbels' Bakelit-Gehäuse mit dem rudimentären Bedienungskomfort und einer eingeschränkten Senderwahl kaum Furore machen. Um die Leistungsstärke und die Hörqualität zu verbessern, hatten Radio-Bastler schon bald begonnen, die Geräte aufzurüsten und sie mit besserer Antennen-Technik auszustatten. Indessen kursierte im Deutschen Reich folgender Witz: »Welcher Unterschied besteht zwischen einem Volksempfänger und einem Großradio? Mit dem ersten hört man Deutschland über alles!, mit dem zweiten alles über Deutschland.«[18] Die Adressaten solcher Witze musste man freilich genau auswählen. Wenn sich jemand über die neuen Machthaber lustig machte, hörte für die Nationalsozialisten der Spaß auf.

Am 8. April 1933 feierte, wie Wolfgang Hagen berichtet, der neue gleichgeschaltete Rundfunk einen

---

17 Chup Friemert, a. a. O., S. 84.
18 Ebd., S. 81.

ersten Triumph. An diesem Tag versammelte das Radio ein »in die Millionen gehendes Publikum« und schaltete die Hörerinnen und Hörer zum ersten Mal live »mit einem einzigen Ereignis« zusammen. Die Szenerie bietet einen gleichermaßen gespenstisch wie absurd anmutenden Anblick: 800.000 Männer in SA-Uniformen sind überall im Reich angetreten, um eine Rede Hitlers im Berliner Sportpalast zu verfolgen. »Vom Norden bis zum Süden, von Flensburg bis Innsbruck stehen sie vor Lautsprechern stramm, in Sälen und auf freien Plätzen, noch in den kleinsten Städten des Reichs. Sie tun das, um vor Hitler, Röhm und Goebbels, in Wirklichkeit aber vor Lautsprechern Haltung anzunehmen und die Fahnen zu schwenken und zugleich dem Führer zu lauschen. Das war das erste Massen-Live-Hörspiel des Radios unter der Ägide des jungen frischgebackenen Propagandaministers Goebbels.«[19]

Wer bis dahin noch Zweifel hatte, dass der Rundfunk nicht als ideologisches Mobilmachungsinstrument taugt, wird an diesem 8. April 1933 eines Besseren belehrt. Der Befehlston einer Stimme, nämlich der des »Führers«, den man leibhaftig gar nicht sieht, sondern »nur« hört, bringt Hunderttausende von uniformierten Männern dazu, vor öffentlich installierten Lautsprechern oder vor dem Volksempfänger im heimischen Wohnzimmer eine militärisch aufrechte Haltung anzunehmen und

---

19   W. Hagen, a. a. O., S. 115.

Fahnen zu schwenken. Damit erfährt die sugges-
tive Macht, die eine medial übertragene Stimme im
Radio entwickeln kann, auf beklemmende Weise
Kontur. Wenn dieses militärische Ritual, stramm-
zustehen und Befehle zu empfangen, in der Folgezeit nicht immer wieder zu blutigen Exzessen
geführt hätte, könnte man dieser Inszenierung
auch etwas zutiefst Lächerliches abgewinnen. Die
Stimme, die aus dem »brüllenden Loch« kommt,
ist indes unmittelbar präsent. »Das Radio«, so
Horkheimer und Adorno in der *Dialektik der Aufklä-*
rung, wird »zum universalen Maul des Führers.«[20]
Die Stimme muss ihre Rückbindung an die soziale
Erfahrungswelt derer, die sie hören, nicht begrün-
den. Sie ist real, weil sie da ist und ihren erklärten
Willen, Macht über die Zuhörerinnen und Zuhörer
auszuüben, konkret in den Raum stellt. Sie dringt
über die Ohren in den Körper ein und sendet ihre
Erschütterungswellen durch den ganzen Leib. Ge-
nau darin sah der penible Akustiker und besessene
Beschallungsspezialist Hermann Karnau in Marcel
Beyers Roman *Flughunde* seine finale Berufung: Der
Sound sollte die »Eingeweide durchwühlen«.

Am 3. Mai 1943 – das Radio berichtete auch an
diesem Tag von der anhaltenden schweren Luft-
offensive im Ruhrgebiet – sollte der Pianist Karl-

---

20 M. Horkheimer, Th. W. Adorno, *Dialektik der Aufklärung.*
Philosophische Fragmente. Frankfurt 1971, S. 143.

robert Kreiten in der Aula der Neuen Universität in Heidelberg ein Konzert geben. Bach, Busoni, Chopin, Mozart, Beethoven und Liszt standen auf dem Programm. Der junge Pianist, der als Wunderkind galt, war 26 Jahre alt. Schon als Zehnjähriger hatte der Sohn einer Mezzo-Sopranistin und eines Komponisten sein Debut in der Düsseldorfer Tonhalle gegeben. 1933 beim Internationalen Musikwettbewerb in Wien gewann er die Silberne Ehrenplakette und wenig später in Berlin den Mendelssohn-Preis. Claudio Arrau, dessen Meisterschüler er war, schrieb später: »Kreiten war eines der größten Klaviertalente, die mir persönlich begegnet sind.«[21] Doch an diesem Abend des 3. Mai 1943 wartete das Publikum vor der ausverkauften Aula der Neuen Universität in Heidelberg vergeblich auf den gefeierten Pianisten. An der Eingangstür hing ein Zettel mit der lapidaren Nachricht: »Kreiten-Konzert fällt aus.«

Zu dieser Zeit befand sich der Pianist in einem Verhörraum der Gestapo. Drei Frauen – eine Jugendfreundin seiner Mutter, eine Sopranistin und eine Schulungsleiterin der NS-Frauenschaft – hatten ihn zunächst bei der Reichsmusikkammer und später beim Reichspropagandaministerium denunziert. Im Frühjahr 1943 hatte sich Kreiten der Ju-

---

21 Hartmut Lück, *Karlrobert Kreiten*, in: *Lexikon verfolgter Musiker und Musikerinnen der NS-Zeit*, Hg. Claudia Maurer Zenck, Peter Petersen. Hamburg 2013, vgl. https://www.lexm.uni-hamburg.de/object/lexm_lexmperson_00004437, verifiziert am 26.06.2022.

gendfreundin seiner Mutter gegenüber, naiv und ohne Böses zu ahnen, überzeugt gezeigt, dass der Krieg verloren sei und das Hitler-Regime bald von einer Revolution hinweggefegt werde. Die schwere Flächenbombardierung im Ruhrgebiet habe die Bevölkerung allen Beteuerungen der Nazi-Propaganda zum Trotz tief demoralisiert. Nachdem die argwöhnisch gewordene Frau ihren Freundinnen von den »staatsabträglichen« Äußerungen des jungen Pianisten berichtet hatte, wurde nicht lange gefackelt und eine Anzeige aufgesetzt. Wenig später fiel in Heidelberg ein Konzert aus.

Nach mehrmonatiger Haft wurde Karlrobert Kreiten am 3. September 1943 vom Volksgerichtshof in Berlin unter Vorsitz seines berüchtigten Präsidenten Robert Freisler zum Tode verurteilt. In der Begründung hieß es, der Angeklagte habe »mitten im totalen Krieg die kämpferische Widerstandskraft einer deutschen Volksgenossin durch niedrigste Verunglimpfung des Führers, das Voraussagen der Revolution und den Rat, sich vom Nationalsozialismus abzukehren, volksverräterisch zu zersetzen versucht und dadurch unserem Kriegsfeind geholfen«.[22] Mehrere Interventions- und Gnadengesuche, unter anderem des Star-Dirigenten Wilhelm Furtwängler, der über beste Kontakte in die NS-Führungsspitze verfügte, fanden kein Gehör. In einer der sogenannten Blutnächte wurde Karlrobert

---

22 http://karlrobertkreiten.de, verifiziert am 26.06.2022.

Kreiten am 7. September 1943 in der Haftanstalt Berlin-Plötzensee hingerichtet. Weil das Fallbeil nach einem Luftangriff unbrauchbar war, wurde er mit 185 weiteren Gefangenen am Galgen erhängt. Die Rundfunkaufnahmen seiner Konzerte sind nicht erhalten. Sie fielen den Bombenangriffen auf Berlin zum Opfer oder sind verschollen. Vier Wochen nach der Hinrichtung des Pianisten wurde den Eltern von der Gerichtskasse Berlin eine Rechnung über 639,20 Reichsmark zugestellt, zahlbar innerhalb von acht Tagen. Auch der staatlich exekutierte Tod ist nicht umsonst.

Am 20. September 1943 erschien in der Berliner Zeitung *Das 12 Uhr Blatt* ein Artikel, der, ohne auf die Vollstreckung des Todesurteils an Karlrobert Kreiten explizit Bezug zu nehmen, die »strenge Bestrafung eines ehrvergessenen Künstlers« rechtfertigt. »Es dürfte heute niemand Verständnis dafür haben, wenn einem Künstler, der fehlte, eher verziehen würde als dem letzten gestrauchelten Volksgenossen. Das Volk fordert vielmehr, daß gerade der Künstler mit seiner verfeinerten Sensibilität und seiner weithin wirkenden Autorität so ehrlich und tapfer seine Pflicht tut, wie jeder seiner unbekannten Kameraden auf anderen Gebieten der Arbeit.«[23] Der Autor dieser Zeilen war ein renommierter Kolumnist des Berliner Blatts. Er entfaltete

---

23 Zit. nach: Norbert Frei/Johanes Schmitz, *Journalismus im Dritten Reich*, a. a. O., S. 146.

auch darüber hinaus rege Publikationsaktivitäten in der Presselandschaft des NS-Staates. Noch während des Studiums hatte er seine Medienkarriere begonnen und schon in jungen Jahren als glühender Radio-Enthusiast am großen Rad gedreht: »Da saß der Junge denn Abend für Abend, den Homer in der Hand, den Bügel mit dem Kopfhörer übergestülpt, mit Achill vor Troja und mit Jack Hilton in London, weit weg und nah dabei, der Phantasie überlassen, ein kleiner Herr der großen Welt.«[24]

Jetzt ist der kleine Herr groß, und auch die Welt um ihn herum will immer größer werden. Hauptberuflich arbeitet der smarte Journalist seit 1941 als Pressereferent bei der Organisation Todt und gehört zur »Kriegsberichterstaffel«, die Rudolf Wolters, Intimus von Albert Speer und Leiter der Presseabteilung der Organisation Todt, unterstellt ist. Auch hier kommt der Journalist zügig voran. Viele Jahre später, nachdem er eines der prominentesten bundesdeutschen Fernsehgesichter geworden ist, wird der Autor des Artikels über die »strenge Bestrafung eines ehrvergessenen Künstlers« behaupten, die inkriminierten Formulierungen stammten nicht von ihm und seien ihm in den Text »hineinredigiert« worden. Da hatte sich sein ehemaliger Chef Rudolf Wolters schon über den »politischen Nachkriegszungenschlag« seines ehemaligen OT-

---

24 Werner Höfer, *Mein Radio*, in: Der Monat, März 1971, S. 56, zit. nach Norbert Frei/Johannes Schmitz, a. a. O., S. 143.

Kriegsberichterstatters mokiert: »Vor allem das Vibrato in der Stimme bei seiner Vergangenheitsbewältigung.«[25]

Am 23. Dezember 1987 – 44 Jahre nach der Hinrichtung Karlrobert Kreitens – berichtet die *Abendzeitung München*, dass Werner Höfer, 74 Jahre alt, dem Intendanten des Westdeutschen Rundfunks mitgeteilt habe, dem Sender als Leiter und Gastgeber des *Internationalen Frühschoppens* »nicht weiter zur Verfügung« zu stehen. Einen Tag vorher hatte der Rundfunkrat des WDR beschlossen, dass der Intendant seinen prominentesten Journalisten und ehemaligen Fernsehdirektor zum Rücktritt auffordern solle. Diese peinliche Pflicht hatte ihm Höfer durch seinen Rücktritt erspart. Die Familie Karlrobert Kreitens hatte der langjährige Gastgeber des *Frühschoppens*, als die Anschuldigungen gegen ihn aufkamen, handschriftlich wissen lassen: »Ich habe nie eine Zeile über Karlrobert Kreiten geschrieben, geschweige denn zur Veröffentlichung angeboten. Ich grüße Sie und Ihre Familie in Respekt, Werner Höfer.«[26]

Richtig ist, dass der Name Karlrobert Kreiten in dem Artikel vom 20. September 1943, der mit *Künstler – Beispiel und Vorbild* überschrieben ist, nicht

---

25 Rudolf Wolters, *Lebensabschnitte 1933–1945*, unveröffentlichtes Exemplar im Besitz des Autors, S. 249 (siehe auch Bundesarchiv Koblenz).

26 http://karlrobertkreiten.de.

ausdrücklich erwähnt wird. Aber was ändert das, wenn der Autor die »strenge Bestrafung eines ehrvergessenen Künstlers« ausdrücklich befürwortet? Das impliziert doch, dass es ums Prinzip geht und jeder unzuverlässige Künstler mit lebensbedrohlichen Konsequenzen zu rechnen hat. Zudem wird in dem Artikel auf eine »Meldung der letzten Tage« verwiesen. Damit ist der Bezug zu dem Fall des am 7. September 1943 hingerichteten Pianisten, dessen Tod am 15. September 1943 offiziell bekanntgegeben wurde, mehr als offensichtlich.

Der Internationale Frühschoppen war eines der erfolgreichsten *Talking Heads*-Formate seit der Einführung des öffentlich-rechtlichen Rundfunks in Deutschland. Die Sendung mit den »sechs Journalisten aus fünf Ländern« wurde seit dem 6. Januar 1952 immer sonntags um 12 Uhr ausgestrahlt, zunächst im Radio, später auch im ARD-Fernsehen sowie in der Schweiz. Bis zum Rückzug Höfers kam der weithin beachtete Journalisten-Stammtisch auf 1874 Folgen. In vielen bundesdeutschen Haushalten gehörte der gepflegte Talk zum sonntäglichen Ritual wie der Kirchgang oder der Schweinebraten. Der nie um ein Bonmot verlegene Gastgeber Werner Höfer brachte einen Hauch von Internationalität und Weltläufigkeit in die saturierten, aber tendenziell engen Wohnstuben der bundesdeutschen Nachkriegsgesellschaft. Wenn auch sein bisweilen belehrender oder süffisanter Ton die Runde durchaus irritieren konnte, so wusste er doch, durch seine souveräne und unaufgeregte Gesprächsführung die aktuelle Fragestellung mit seinen Gästen aus verschiedenen Perspektiven zu beleuchten. Jedenfalls vermochte er es, seinen Zuhörerinnen und Zuschauern am Radio- oder Fernsehapparat das beruhigende Gefühl zu vermitteln, dass sie klüger aus der Sendung herausgehen, als sie hereingekommen sind.

Höfer war nicht der Prototyp eines notorischen Alt-Nazis, der im Gewand des liberalen Erfolgsjournalisten in der jungen Bundesrepublik die Karriereleiter beachtlich weit nach oben erklommen hatte. Obwohl er schon 1933 in die NSDAP eingetreten war, gehörte er auch im NS-Staat nicht zu denen, die distanzlose Elogen auf den »Führer« und seine Entourage verfassten. Dazu war er zu klug, zu stilsicher und zu stolz. Höfer gehörte zu jener pragmatischen Funktionselite im Umfeld von Presse und Publizistik, die im »Dritten Reich« die Stunde der eigenen Bewährung gekommen sah. Karrierebewusst, eloquent, gebildet und mit sicherem Machtinstinkt war er auf den Zug nach oben aufgesprungen. Als der Zug entgleist war und neu auf die Schienen gesetzt werden musste, sprang er wieder auf und arbeitete sich beharrlich weiter vor. Genau dieselben Eigenschaften, die ihn im »Dritten Reich« bis in die Peripherie der Macht getragen hatten, nutzten ihm auch beim Aufbau seiner Medienkarriere in der jungen Bundesrepublik. Sein Selbstbewusstsein, sein Ehrgeiz und seine Zielstrebigkeit trugen ihn weit. Man kann das auch Opportunismus nennen.

Taktisches Geschick hatte Werner Höfer schon in seiner Eigenschaft als Pressereferent der Organisation Todt und später in Speers Rüstungsministerium an den Tag gelegt. Dort fiel er nicht als fanatischer Nationalsozialist auf, sondern als effizienter und ehrgeiziger Überflieger. Die Hände wollte er sich nicht schmutzig machen. Er zog es vor, im Hintergrund zu bleiben und die Strippen zu ziehen. Im Ministerium Speer war er in guter Gesellschaft. Dort versammelten sich »weniger die Ideologen als die Technokraten des Krieges«.[27] Zu der von Rudolf Wolters eingesetzten »OT-Kriegsberichterstaffel« gehörten neben Werner Höfer auch Christian von Chmielewski und Gert H. Theunissen.[28] In diesem Umfeld wurde Höfer »zu einem gut informierten Journalisten, denn er nahm an Tagungen und geheimen Waffenvorführungen teil, und ihm waren zusätzlich ausländische Zeitungen und Radiosender zugänglich«.[29] Gert H. Theunissen landete nach dem Krieg ebenso wie Christian von Chmielewski beim Radio, Theunissen als Kulturredakteur im Westdeutschen Rundfunk in Köln, von Chmilewski zunächst auch beim WDR, später als Programmdirektor bei der Deutschen Welle. Ob es sich bei

---

27 Frei/Schmitz, a.a.O., S.148.
28 Rudolf Wolters, a.a.O., S.249.
29 Frei/Schmitz, a.a.O., S.148.

den ehemaligen OT-Kriegsberichtern um eine Seil-
schaft handelt, und wer wen im Kölner Sender auf
einen freien Stuhl gesetzt hat, harrt noch der Aufarbeitung.

Werner Höfers Medienbesessenheit war Legende.
In seinem Kölner Dienstzimmer als Fernsehdirektor
des WDR standen im Halbrund drei flimmernde
Fernsehapparate, im Hintergrund lief das Radio.
Nichts durfte ihm entgehen. Da wirkt es wenig
glaubwürdig, dass er nach Bekanntwerden der Vor-
würfe gegen ihn zunächst vorgab, sich an einen Artikel, der auf die Hinrichtung Karlrobert Kreitens
Bezug nimmt, nicht erinnern zu können. Nachdem
Der Spiegel den Artikel publiziert hatte, behauptete
Höfer, seine »Kraft« habe nicht ausgereicht, um
sich gegen die »Manipulationen beim *12 Uhr Blatt*«,
durch die sein Text entstellt worden sei, zu wehren.
Dass er, wie er weiter ausführte, »bis zur intensiven
Beschäftigung mit dem *Internationalen Frühschoppen* (...) wirklich ein unpolitischer Mensch« gewesen sei, ist eine Selbstbeschreibung, die durch zahlreiche Veröffentlichungen im Zuge der Recherchen
zu Kreitens Hinrichtung widerlegt ist.[30]

Am 16. Juni 2016 – zum hundertsten Geburtstag
des Pianisten – fand in der Tonhalle Düsseldorf,
wo Karlrobert Kreiten als Zehnjähriger sein Debut
gegeben hatte, jenes »ungespielte Konzert« statt,

---

30 Frei/Schmitz, a. a. O., S. 147.

das 1943 in Heidelberg abgesagt worden war. Am Piano saß Florian Heinisch, der mit seinen 26 Jahren genauso alt war wie Kreiten, als er das Konzert in Heidelberg hätte geben sollen. Auf dem Programm standen wie am 3. Mai 1943 Bach, Busoni, Beethoven, Chopin, Mozart und Liszt. Im Begleitheft zu der Veranstaltung kommt nochmal Claudio Arrau zu Wort, der Lehrer Karlrobert Kreitens: »Es scheint mir, dass er wahrscheinlich das größte Talent war, vielleicht dieses Jahrhunderts.«[31]

Der Volksempfänger, den die nationalsozialistische Rundfunkpolitik als propagandistische Allzweckwaffe entwickelt hatte, erlebte in der Kunst der späten Bundesrepublik ein erstaunliches Nachleben. DKE 38 hieß der Deutsche Kleinempfänger, der, wie eingangs erwähnt, 1938 zu einem Preis von 35 Reichsmark seine Markteinführung erlebt hatte und im Volksmund »Goebbels-Schnauze« genannt wurde. Ein Comeback feierte das Gerät mit dem großen runden Lautsprecher über kleiner Senderskala im Jahr 1975 auf dem Cover einer Langspielplatte mit dem Titel *Radioaktivität*. Die deutsche Band *Kraftwerk* spielte mit elektronischen Instrumenten und den stilisierten Stimmen von Ralph Hütter und Florian Schneider-Esleben in Songs wie *Radioland*, *Antenne* oder *Uran* auf die im Titel

---

31 http://karlrobertkreiten.de.

des Albums avisierte Doppelbedeutung des Begriffs Radioaktivität an. In dem Song *Radioland* heißt es: »Drehen wir am Radiophon / Vernehmen wir den Sendeton / Durch Tastendruck mit Blitzesschnelle / Erreichen wir die Kurze Welle (...)«

In Form eines nostalgischen Zitats ist der Volksempfänger zurückgekehrt und treibt so als ikonische Referenz die Soundeffekte des Elektropop an. Die toxische Wirkung, die zur Zeit des Nationalsozialismus von medial gelenkter Propaganda und Agitation ausging, hat durch den öffentlich-rechtlichen Rundfunk nach 30 Jahren Bundesrepublik ein institutionell verankertes Korrektiv erfahren. Das Studio-Album von *Kraftwerk* ruft indessen ein hochbedrohliches Gefahrenpotential auf, das in der politischen Gegenwart von 1975 brandaktuell und durchaus nicht gebändigt ist: die Radioaktivität. Als das Album an die Plattenhändler ausgeliefert wurde, beschleunigte die Politik in Deutschland, angetrieben durch die Ölkrise von 1973/74, die Planung neuer Atomkraftwerke. *Geigerzähler* hieß der erste Song auf dem Album. Öffnete man das Plattencover, fiel als erstes ein Sticker mit dem internationalen Warnzeichen für Radioaktivität heraus: ein schwarzes Flügelrad auf gelbem Grund.

Im selben Jahr 1975, als das Album *Radioaktivität* erschien, entwickelte das amerikanische Künstlerpaar Ed und Nancy Reddin Kienholz die Werkreihe *Volksempfängers*. Die materielle Basis der Objekt-Installationen bildeten ausrangierte Radiogeräte, vorrangig des Typs VE 301, die sie in Berlin auf Flohmärkten zusammengetragen hatten. Mit Tischen, Bänken, Stühlen und diversen Flohmarkt-Trouvaillen schuf das Künstlerpaar, das für seine komplexen Environments und Mixed-Media-Installationen bekannt war, raumfüllende Interieurs, in denen die Radio-Objekte an prominenter Stelle plaziert wurden. Betätigte man ein angekoppeltes Pedal, erklang Wagners *Walkürenritt*. Ed Kienholz, der mit Mitteln der Kunst an einer Soziologie des Abfalls arbeitete, war fasziniert von dem Ausschuss, den Resten, dem Müll, den moderne Industriegesellschaften hinterlassen. Wie ein Haruspex im alten Rom, der in den Eingeweiden toter Tiere las, versuchte er, Formen der sozialen und kulturellen Interaktion zwischen Menschen mit Hilfe von entsorgtem oder übrig gebliebenem Material zu erschließen. Die Abfall-Recherche verstand sich als eine neue Form der Alltagsarchäologie. »I really begin to understand any society by going through its junk stores and flea markets. It is a form of education and historical orientation for me. I can see the results of ideas in what is thrown away by a culture.«[32] In den Objekt-Installationen von Nancy und Ed Kienholz ist der Volksempfänger nicht nur als symbolisches, sondern auch als reales physisches

---

32 https://www.artforum.com/uploads/guide.002/id20138/ press_release.pdf. Vgl. auch Edward Kienholz/Nancy Reddin Kienholz, *Medien-Macht-Manipulation*. Stuttgart-Bad Cannstatt 1987, verifiziert am 26.06.2022.

Objekt im Ausstellungkontext des Kunstbetriebs angekommen. Wenn das privilegierte Instrument der Nazi-Propaganda dort im Rahmen eines Konzepts erscheint, das auf Resten und Unrat gründet, liegt die Vermutung nicht allzu fern, dass seine Macht in der Welt der Dinge, die wir jenseits des Abfalls zu unseren Beständen rechnen, gebrochen ist.

Krieg im Äther

Agenten Radio

»Wenn die Nazis verkrachen / wird Deutschland erwachen / und aufstehn / denn im schoenen, im Vierten Reich / wird kein Goebbels mehr luegen, / kein Funk mehr betruegen, / kein Hitler mehr bruellen, / kein Himmler mehr killen, / kein Schirach befehlen, / kein Ribbentrop stehlen, / kein Rosenberg schnaufen, / und kein Ley sich besaufen – / im Vierten Reich / werden alle zum Teufel sie gehn!«[1]

Im Sommer 1944 kam eine Gruppe von Sängern, Komponisten, Textern und Instrumentalisten in einem New Yorker Tonstudio zusammen, um ein oder zwei Mal pro Woche unter strenger Geheimhaltung ein musikalisches Potpourri einzuspielen. Der Melodien-Cocktail bestand aus populären amerikanischen Songs, die auch über die Grenzen des Kontinents hinaus bekannt und erfolgreich waren. Die Stücke wurden zunächst in einer Instrumentalversion aufgenommen, bevor in einem zweiten Bearbeitungsschritt deutsche Texte mit explizit re-

---

1 Christof Mauch, *Schattenkrieg gegen Hitler. Das Dritte Reich im Visier der amerikanischen Geheimdienste 1941–1945*. Stuttgart 1999, S. 225.

gimekritischen Inhalten darübergelegt wurden. *Musac* – als Kürzel für *musical action* – nannte sich ein Propaganda-Tool des amerikanischen Geheimdienstes, das im Medienkrieg gegen die Hitler-Diktatur zum Einsatz kam und im unverdächtigen Gewand der Populärkultur auftrat. Über einen 600.000 Watt Transmitter im englischen Milton Bryant, wo der britische Geheimdienst einen professionellen Sender installiert hatte, wurde das subversive Programm direkt ins deutsche Reichsgebiet geschickt. Neben der Zivilbevölkerung hatten die alliierten Geheimdienste auch die deutschen Frontsoldaten im Visier, deren Aktionsradius zu diesem Zeitpunkt des Krieges schon sehr eingeschränkt war.

Von den Autoren, Musikern und Arrangeuren, die das Office of Strategic Services (OSS), eine Vorgängerorganisation des CIA, für diesen Job angeheuert hatte, gehörten viele den künstlerischen Emigrantenzirkeln an, die sich nach dem Exodus aus Deutschland und Österreich in Amerika gebildet hatten. Auf einer Liste jener Künstlerinnen und Künstler, die der Geheimdienst damals kontaktierte, befinden sich Namen wie Marlene Dietrich, Greta Keller, Max Ophüls, Friedrich Holländer oder Kurt Weill. Auch der Name Bertolt Brecht wird an prominenter Stelle aufgeführt – allerdings mit Vorbehalt. Denn Brechts Sympathie für die Kommunisten war den amerikanischen Geheimdienstleuten suspekt. So entschieden sie sich, als Cheftexter den österreichischen Schriftsteller und promovierten Juristen Lothar Metzl einzuspannen, der vor seiner Flucht in die USA als Autor am Erfolg des renommierten Wiener Kabaretts *Literatur am Naschmarkt* mitgeschrieben hatte. Für eine Gage von 80 Dollar pro Woche verfasste Metzl nun regimekritische Songtexte, die musikalisch neu arrangiert auf verborgenen Frequenzen in die deutschen Wohnzimmer und Schützengräben geschickt wurden.

Zu den meistgespielten Produktionen gehörte ein Song, der von der ehemaligen österreichischen Schallplatten-Diva Greta Keller im September 1944 in New York aufgenommen wurde. Greta Kellers Stimme muss vielen deutschen Hörerinnen und Hörern noch im Ohr geklungen haben, als sie auf die Melodie des amerikanischen Hits *Come With Me My Honey* den neuen Text »Ich bin wie der Westwall« sang. Die Pointe des Songs lautete: »(...) und ich falle auf keinen Fall.« Der Westwall-Song, in dem auf das angeblich uneinnehmbare Bollwerk der Siegfriedlinie angespielt wurde, ironisierte das aktuelle Kriegsgeschehen. Die Landung der Alliierten in der Normandie hatte am 6. Juni 1944 stattgefunden, das Bollwerk war also gefallen und der Vormarsch auf die von Hitler propagierte »Festung Europa« bereits in vollem Gange.

Leider existieren die Arrangements der *Musac* nicht mehr oder sie dämmern in den Archiven der Geheimdienste vor sich hin und harren ihrer Wiederentdeckung. Den Zusammenbruch der deutschen Unterhaltungsindustrie im letzten Jahr des

Krieges nutzte der amerikanische Geheimdienst mit *Musac* jedenfalls geschickt aus, um professionelles Entertainment hinter die feindlichen Frontlinien zu schmuggeln. »Nicht Belehrung, sondern ›Verfuehrungskunst‹ (so wie im Westwall-Song) war das Kennzeichen von Musac«, stellt der Historiker Christof Mauch fest. »Indem die Musik, die Verstexte und der Präsentationsstil von Musac auf die Untergrabung der Moral des deutschen Soldaten zielten, wurden die Songs selbst zur raffinierten Waffe psychologischer Kriegführung.«[2]

Die Idee, einen Rundfunksender in die subversive Strategie der Kriegführung einzubinden, hatte, wie Christof Mauch berichtet, auch in Hollywood von sich reden gemacht. *Underground* hieß der Titel eines Filmskripts aus der Feder von Oliver Garrett, der als Drehbuchautor an so erfolgreichen Produktionen wie *Moby Dick* oder *The Man I Married* mitgewirkt hatte. *Underground* erzählt die Geschichte eines jungen deutschen Chemikers, der im Widerstand gegen die Hitler-Diktatur aktiv ist und seinen Bruder, einen überzeugten Nazi, schließlich dafür gewinnt, sich dem Untergrund anzuschließen. Sprachrohr der Widerstandsgruppe ist ein Radioprogramm, das über einen geheimen »Freiheitssender« ausgestrahlt wird.

---

2   Christof Mauch, a. a. O., S. 226.

Solche konspirativen Aktionen musste sich indes nicht erst ein Drehbuchautor ausdenken. Wenige Wochen nach dem missglückten Attentat auf Hitler vom 20. Juli 1944, an dem neben Graf Stauffenberg und seinen Mitverschwörern auch General Ludwig Beck beteiligt war, tauchte dessen Stimme plötzlich im Radio wieder auf, obwohl der General offiziell für tot erklärt worden war. In der Tat wurde Beck noch in der Nacht nach dem gescheiterten Attentat von einem Feldwebel erschossen, nachdem sein Versuch der Sebsttötung gescheitert war. Um so mehr sorgte die Stimme des Generals für Aufsehen, als sie nun auf der Frequenz eines Feindsenders, der über einen leistungsstarken BBC-Transmitter ins deutsche Reichsgebiet eingestrahlt wurde, zu hören war.

Operation Joker lautete der Deckname für diese amerikanische Geheimdienstaktion. In der Version des OSS kooperierte der General, der die Liquidierung der Attentäter angeblich überlebt hatte, nun mit den Alliierten und hielt aus einem Radiostudio im Ausland Reden an das deutsche Volk. »Becks Reden, die gezielt zu einem psychologisch günstigen Zeitpunkt, nach dem Fall von Aachen, ausgestrahlt wurden, kontrastierten das militärische Know-how des deutschen Generalstabs mit der Stümperhaftigkeit eines von krankhaften Eingebungen getriebenen Führers.«[3] Dabei führte die Stimme Becks, die in Wahrheit einem gefangen genommenen deut-

---

3 Ebd., S. 210.

schen Major gehörte, auch verschiedene Belegstellen aus Hitlers *Mein Kampf* an, in denen Widerstand gegen eine Regierung, die ihre Macht missbraucht, legitimiert wird. Das Regime sollte so mit seinen eigenen Waffen geschlagen werden. Die Nazis waren indes nicht untätig und arbeiteten fieberhaft an der Störung der Frequenzen, auf denen der Feindsender Becks Reden ins Reichsgebiet einstrahlte. Diese Abwehrschlacht im Propaganda-Krieg war, wie Christof Mauch mitteilt, schon sehr bald erfolgreich: »Bereits bei der zweiten Ausstrahlung wurde der Sender von den Nazis gestört.« Damit war die *Operation Joker* gescheitert, und »das aufwendige Unternehmen« verpuffte schon »nach kurzer Sendezeit im Äther«.[4]

In England, von dessen Territorium die Geheimdienst-Operationen gegen Nazi-Deutschland lanciert wurden, hatte die 1922 gegründete Rundfunkgesellschaft British Broadcasting Corporation (BBC) das Monopol. Die ursprünglich privatwirtschaftlich verfasste Gesellschaft wurde 1926 in eine Körperschaft des öffentlichen Rechts überführt. Zu Beginn des Zweiten Weltkriegs arbeiteten über 10.000 Mitarbeiterinnen und Mitarbeiter bei der BBC. Der Programmauftrag und die Selbstverpflichtung zu einer wahrheitsgemäßen Berichterstattung verhinderten, dass Falschmeldungen über die Kriegsereignisse, wie sie in den gleich-

---

4 Ebd., S. 210.

geschalteten Medien des »Dritten Reichs« auf der Tagesordnung standen, über den Sender gingen. Der Literatur- und Medienwissenschaftler Jochen Hörisch resümiert: »In diktaturanfälligen Zeiten, die zugleich Zeiten der Entdeckung der Macht von öffentlicher Meinung sind, gewann die BBC Glaubwürdigkeit gerade dadurch, daß sie in striktem Gegensatz zu Goebbels' Volksempfänger-Enthusiasmus (...) selbst in Kriegszeiten *bad news* für die eigene Seite nicht unterschlug. Die legendären *9 o'clock News* der BBC kultivierten geradezu dieses Merkmal, das elegant an die Tradition öffentlicher Rhetorik anknüpft (...)«[5] Auch in Nazi-Deutschland wurde die BBC, die offiziell als Feindsender galt, heimlich gehört. Die meisten Deutschen, die ausländische Programme einschalteten, kannten sich im Programmschema der BBC gut aus. Wer als Freund der Wahrheit und Anhänger einer eleganten Rhetorik identifiziert wurde, musste indes um sein Leben fürchten.

---

5   Jochen Hörisch, *Eine Geschichte der Medien. Von der Oblate zum Internet*. Frankfurt/Main 2004, S. 348.

Wir schalten um

Pausen Radio

AM 12. April 1961 stellte ein Pausenzeichen die un-
mittelbarste Verbindung zwischen Himmel und
Erde dar. Radio Moskau hatte ein Gespräch mit
dem Kosmonauten Jurij Gagarin, dem ersten Menschen im All, angekündigt und sendete, während
die Techniker den Kontakt mit dem Raumschiff herzustellen versuchten, einen kurzen, sich wiederho-
lenden Melodienbogen. Die Hörerinnen und Hörer
saßen gebannt vor ihren Apparaten und warteten
auf eine Botschaft aus dem Äther. Plötzlich riss das
musikalische Intermezzo ab, ein diffuses Rauschen
kam aus dem Lautsprecher, und dann konnte man in
erstaunlicher Klarheit die Stimme des im All dahin-
gleitenden Kosmonauten vernehmen. »Beobachte
die Erde. Sicht gut. Höre euch ausgezeichnet.«

Auf Erden funktioniert die Kommunikation zwischen Sender und Empfänger nicht immer so kom-
plikationslos wie der direkte Draht ins Weltall. Um
beim Umschalten zwischen den verschiedenen Programmen den Kontakt mit dem Empfänger nicht
abreißen zu lassen, wurde deshalb das Pausenzeichen eingeführt. Während ein kurzes Interludium
erklang, waren hinter den Kulissen die Techniker
damit beschäftigt, Hebel umzulegen, Stecker um-

zustöpseln, Regler hochzufahren oder Tastaturen zu bedienen. Der Zeittakt des Sendeplans musste eingehalten werden, und im Ablauf des Programms durften keine schalltoten Löcher entstehen. Was als pragmatisches Zwischenspiel begann, entwickelte sich schon bald zum Marken- und Erkennungszeichen der einzelnen Sender. Meistens handelte es sich um ein Motiv aus dem Laut-Repertoire der Musikgeschichte. Bisweilen wurde eigens eine Melodie komponiert oder klanglich so modifiziert, dass sie sich als akustisches Logo eignete.

Das Pausenzeichen des Südwestfunks Baden-Baden (SWF) bildeten etwa die Anfangstakte des Knaben-Terzetts aus dem Finale von Mozarts *Zauberflöte* (»Bald prangt, den Morgen zu verkünden«) und wurde von der Hauspianistin Maria Bergmann bis in die 1950er Jahre aus einem Baden-Badener Studio live eingespielt. Aber das Pausenzeichen war nicht nur ein akustischer Lückenfüller, der Klangkitt zwischen zwei Sendungen, sondern ebenso ein Statement. So war es durchaus programmatisch zu verstehen, das Es-Dur-Motiv aus Mozarts *Zauberflöte* zu entlehnen, jener Oper, die nach einem Wort von Ernst Bloch ein »humanes Wunschbild«[1] evoziert. Damit sollte auch in der Erkennungsmelodie des nach dem Zweiten Weltkrieg neu gegründeten Senders die Idee anklingen, die Hörerinnen und Hörer

---

1 Ernst Bloch, *Das Prinzip Hoffnung*. Erster Band. Frankfurt/Main 1974, S. 484.

im Geiste Mozarts auf ein liberales und weltoffenes Deutschland einzustimmen und gleichzeitig eine »Absage an deutsche Hybris, an Faschismus, an Nationalismus, an Menschenvergessenheit«[2] zu formulieren. Die Entschlossenheit, einen Neuanfang zu setzen, sollte auch da noch Ausdruck finden, wo es gar nicht um Programminhalte ging, sondern wo aus technischen Gründen eine Pause erforderlich war.

Das Pausenzeichen ist fast so alt wie das Radio selbst. Seine Erfindung verdankt sich einem technischen Defekt. Es war ein Dezemberabend des Jahres 1926, als man auf dem Kanal von Studio Bern plötzlich nur noch einen hässlichen Brummton hörte. Ein Kurzschluss hatte die Übertragung aus dem Konzertsaal in Solothurn unterbrochen und den musikalischen Vortrag von örtlichen Gesangsgruppen und Solisten abrupt beendet. Nicht nur das laufende Programm war abgeschaltet, auch im Saal selbst waren die Lichter ausgegangen. Da bat die Ansagerin den Kapellmeister, dem Publikum im stockfinsteren Parkett etwas Mut zuzuspielen. Der Maestro begab sich an den Flügel und intonierte das Lied *Zyt isch do*. Die Sopranistin stimmte ein, und das Publikum im stockdunklen Konzertsaal spendete tosenden Applaus. Als die beiden das Lied wiederholten, ging plötzlich das Licht im

---

2 Bernhard Rübenach, *Pausenzeichen als Wegweiser*, SWF Journal 2/89, Baden-Baden, S. 27.

Saal wieder an, die Übertragung wurde fortgesetzt, und das improvisierte Intermezzo war auf Sendung. Da ging auch den Radioverantwortlichen ein Licht auf, und so wurde *Zyt isch do* für 40 Jahre zur Erkennungsmelodie des deutsch-schweizer Rundfunks.

Wenige Wochen zuvor, im Herbst 1926, hatte bereits der Bayerische Rundfunk in München ein Signet in Form von Morsezeichen eingeführt, denen drei Glockentöne in As, Fis und D folgten. Ab 1933 wurden dann die Pausenzeichen aller deutschen Sender nach der Melodie von *Üb immer Treu und Redlichkeit* gleichgeschaltet. Vielfalt gab es auf Goebbels' Propagandawelle nicht mal während der Sendepause. Nach dem Krieg schlug sich der Wille zum Neuanfang auch in der Wahl der Pausenzeichen nieder. *In allen guten Stunden* (Carl Friedrich Zelter nach einem Text von J. W. Goethe) hieß es in den Schaltpausen des WDR in Köln, Radio Bremen wählte als Pausenzeichen die Gralsglocken aus Wagners *Parsifal,* und der Sender Freies Berlin ließ einem Ondit zufolge Beethovens *Egmont-*Fanfare so laut erklingen, dass im russisch besetzten Ostsektor der Stadt die Antennen zu vibrieren begannen. Radio DDR I antwortete derweil ideologisch korrekt, wenn auch musikalisch nicht eben satisfaktionsfähig mit *Wann wir schreiten Seit' an Seit'* (Michael Englert). Während der NDR in Hamburg ein Brahms-Motiv aus der Zweiten Sinfonie in die sendefreien Pausen schickte, setzte der SDR in Stuttgart auf Regionales. Bei weniger wohlwollender Betrachtung könnte man hier auch Provinzielles erkennen: *Jetzt gang i ans Brünnele* (Philipp Friedrich Silcher).

In jedem Fall diente das Pausenzeichen als Erkennungsmelodie in einer gewandelten Zeit. Es musste vertrauenswürdig, seriös, einprägsam und vor allem wiedererkennbar sein. Denn es sollte die Hörerschaft an ihren Stammsender binden. Ein Sender ohne Kennung, ein Sender, der nicht gefunden wird, ist so tot wie ein Funkloch. Da half auch die von hinten beleuchtete Radioskala mit all den auf treppenartigen Podesten thronenden Stationsnamen von Beromünster bis Kuldiga, von Hilversum bis Sundvall, wenig.

In den Wohnstuben oder an den Küchentischen herrschte indessen erwartungsvolle Stille, wenn aus dem stoffbespannten Dunkel, das die Lautsprecher des Radioapparats beherbergte, das Signet des gesuchten Senders ertönte. Das Pausenzeichen erlaubte einen Moment des Innehaltens, der Konzentration und der Einstimmung. Mit dem letzten Ton war es endlich soweit. Es folgte die Fortsetzung des lang erwarteten Kriminalhörspiels, die neue Ausgabe einer der beliebten Ratesendungen oder eine Live-Übertragung von den Olympischen Spielen. Die heilige (Radio-)Familie der 1950er Jahre hockte andächtig vor einem Nordmende-, Telefunken-, Saba- oder Grundig-Empfänger und lauschte mit gespitzten Ohren in den Äther. Bisweilen macht noch eine Reminiszenz die Runde, wonach die Hörgemeinde zu diesem Anlass sogar festliche Kleidung angelegt habe.[3] Die Radiomöbel dieser Jahre rangierten, was ihre Eigenschaft als Statussymbole angeht, gleich hinter den Karossen, die demonstrativ in der Hauseinfahrt parkten und nur bei schlechtem Wetter in die Garage gefahren wurden. Schriftzüge mit Namen wie *Capella, Adagio, Fidelio* oder *Paloma* zierten in schwungvoll auslaufenden Edelmetall-Buchstaben die Frontseite der Empfangsgeräte, bevor in den 1960er Jahren mit echten Tropenholz-Intarsien verzierte Musiktruhen den Neid der Nachbarn auf sich zogen.

Fotos aus alten Programmzeitschriften haben die Szenerie solcher abendlichen Rituale festgehalten. Im dramatischen Zentrum residiert der Radioapparat auf einem Beistelltisch oder einer Kommode, darum gruppiert sich ein Halbrund von Sesseln oder Stühlen, der Käfig mit dem gefiederten Hausgenossen im Bildhintergrund ist mit einem Tuch abgehängt. Die Raumbeleuchtung wirkt gedämpft, die Rauchutensilien für das Familienoberhaupt liegen bereit, auf dem Apparat mit dem magischen grünen

---

3 Auf eine angemessene Konditionierung wurde auch schon in den Anfangsjahren des Radios geachtet: »Dein Radioapparat soll dir Erholung und Genuss vermitteln. Setze ihn nur dann in Betrieb, wenn du in der Lage bist, die Darbietungen mit Aufmerksamkeit zu verfolgen.« (Goldene Radioregeln 1928) zit. nach: https://www.radioszene.de/127209/95-jahre-rundfunk-radio-jubilaeum.html, verifiziert am 26.06.2022.

Auge steht dekorativ eine locker gesteckte, kleine Vase – hoffentlich mit Trockenblumen, sonst droht ein Kurzschluss.

Der Vater, der zweifellos über die Programmhoheit verfügt, steht vor dem Apparat und nestelt, Ruhe gebietend, an der Sendereinstellung herum, während der Rest der Familie – eine manchmal strickende, jedenfalls immer artig lächelnde Ehefrau sowie zwei sorgfältig gekämmte und korrekt gescheitelte Kinder – ordentlich auf ihren Sitzgelegenheiten positioniert und mit erwartungsvollen Gesichtern der Töne und Geräusche harrt, die der Apparat in Kürze mitten in das traute Heim tragen wird. Beim nächsten Ton des Zeitzeichens ist es soweit.

Die Urszene des Radios hat sich im kollektiven Gedächtnis einen festen Platz erobert. Hier gewährt uns der Schriftsteller Wolf Wondratschek einen Blick in das Wohnzimmer seiner Jugend: »Das Radio in meinem Elternhaus war ein Möbelstück, groß wie ein halber Koffer, aber es war aus Holz, hatte breite elfenbeinfarbene Tasten (die Zähne meines Vater hatten gegen Ende seines Lebens die gleiche Farbe) und vorne vor dem Lautsprecher eine Art Gardine. Wenn man eine der vier Tasten drückte, ging das Licht an, das ein rechteckiges Fenster mit Zahlen, Buchstaben und Querstrichen beleuchtete, eine unentzifferbare Tabelle, die man absuchen konnte. Und das tat ich, und zwar am liebsten, wenn es Zeit war zu schlafen (...) Ich drehte die Langewelle rauf und runter, so vorsichtig und sorgfältig, als gelte es eine Explosion zu verhindern.«[4]

Heute senden die großen deutschsprachigen Rundfunkanstalten ein 24-stündiges Vollprogramm, und mit den alten Logos wurden auch die Pausenzeichen in die Archive verbannt. Im Zeitalter formatierter Fließprogramme, in dem die einzelnen Sendeanteile immer unterschiedsloser zu einem breiten Strom von Musik und Wort zusammengeführt werden, hat das Pausenzeichen ausgedient. Die *corporate identity* wird heute über Jingles und Trailer hergestellt, die mit den Programmen, auf die sie aufmerksam machen sollen, nicht selten nahezu übergangslos verschmelzen. Mit dem Pausenzeichen ist indes nicht nur das Zeichen abhanden gekommen, sondern auch die Pause. Programmverantwortliche von heute sehen schon bei einem kurzen Moment nicht gefüllter Sendezeit die Horrorvision von massenhaft abschaltenden Hörerinnen und Hörern am Radiohorizont aufziehen. Die unwillkürlich folgenden Werbeeinbrüche sowie die Sogwirkung des großen schwarzen Lochs, in dem die unerfüllte Quote lauert, tun ein Übriges. Deshalb müssen die Programme lückenlos dicht zusammengefah-

---

4 Wolf Wondratschek, *Gebt die Frequenzen frei*, in: *Kulturradio. Erinnerungen und Erwartungen*, Hg. Gert Haedecke. Bonn 1996, S. 221.

ren werden. Für Pausen haben wir keine Zeit mehr. Sonst verpassen wir den Anschluss.

Mit dem Pausenzeichen verschwand auch jene Form von Aufmerksamkeit, die das Zuhören zu einer selbstbestimmten Tätigkeit machte und das Warten zu einer Zeit der inneren Konditionierung. Im Kontext einer Daseinsökonomie, die sich an Anforderungen wie Multitasking und »Mehrfachaufgabenperformanz« schult, wird die Pause ohnehin nicht mehr als Stimulans oder als konstruktives Innehalten angesehen, sondern als Störung im Ablauf. Das Pausenzeichen erschiene da als ein Instrument sinnloser Zeitvernichtung und unproduktiver Ressourcenverschwendung. Derweil hat das Pausenzeichen aber auch rein objektiv seine Funktion verloren. Umstöpseln oder Umschalten ist eine Tätigkeit, die in den digitalen Sendestudios unserer Radio- oder Fernsehanstalten nicht mehr erforderlich ist. Man kann den technischen Fortschritt auch als einen Prozess der Verkürzung oder der Eliminierung von Wartezeiten beschreiben. Die Distanzen sind kleiner, die Abstände enger, die Intermezzi kürzer geworden. Damit werden auch die Zwischenräume schmaler. Und manchmal verschwinden sie ganz. Das Pausenzeichen, das von Beginn an ein akustisches Mauerblümchen war, ist heute nur noch eine Reminiszenz für Radio-Nostalgiker. Auf *YouTube* geben sie sich ein Stelldichein. Wiederkehren wird das Pausenzeichen nicht. Aber eine Schweigeminute hätte es verdient.

Schlechte Nachrichten für Doktor Murke. Kommt doch der Inhalt der gelben Keksdose auf seinem Büroregal, in der der Radioredakteur die herausgekürzten Tonschnipsel mit dem Schweigen seiner Gesprächspartner aufbewahrt, in Heinrich Bölls Kurzgeschichte *Doktor Murkes gesammeltes Schweigen* aus dem Jahre 1955 nicht über die Gesamtlänge von drei Minuten hinaus. Nach Dienstschluss hört sich Doktor Murke die zusammengeschnittenen Schweigesequenzen, die auch Atemzüge oder vereinzelte Seufzer enthalten, auf der heimischen Couch an. Manchmal bittet er auch seine hübsche Begleiterin Rina, ein laufendes Tonband zu beschweigen. Dann muss sie stumm vor dem Mikrofon verharren. Rina ist von diesem kontraproduktiven Einsatz der Aufnahmetechnik wenig begeistert. »Ich kann nicht mehr, sagte das Mädchen plötzlich, ich kann nicht mehr, es ist unmenschlich, was du von mir verlangst.« Murke erwidert: »Ach Rina, wenn du wüßtest, wie kostbar mir dein Schweigen ist. Abends, wenn ich müde bin, wenn ich hier sitzen muß, lasse ich mir dein Schweigen ablaufen. Bitte sei nett, und beschweige mir wenigstens noch drei Minuten (...)«[5]

Der öffentlich-rechtliche Nachkriegsrundfunk ist gerade ein paar Jahre auf Sendung, da macht Böll

---

5 Heinrich Böll, *Doktor Murkes gesammeltes Schweigen*, in: H. B. *Werke. Romane und Erzählungen 2 1953–1959*, Hg. Bernd Balzer. Köln 1987, S. 769.

die mediale Dauerbeschallung auf den vielen neu eingerichteten Kanälen zum Gegenstand einer satirischen Erzählung. Dabei wird das Beschweigen zu einer aktiven Tätigkeit aufgewertet, die wie das Besprechen eines Tonaufzeichnungsgeräts eine intentionale Handlung voraussetzt. Die so entstehenden Bandsequenzen sind indessen nicht leer, sondern sie enthalten Atem- oder Raumgeräusche, mindestens aber ein stabiles Grundrauschen. Der niedrige Pegel lässt sich nur unzureichend in Dezibel oder Phon messen, aber dennoch ist etwas wahrnehmbar. Stille kann man hören. Aber nur im Singular.

Das Wort Stille verfügt im Deutschen über eine signifikante Begriffskonstruktion. Jedenfalls gibt es das Wort nicht im Plural. Stille ist wie das Wort Himmel, von dem bereits in anderem Kontext die Rede war, grammatikalisch betrachtet ein singuläres Phänomen. Merkwürdig genug trifft das auch für die Synonyme *Ruhe, Schweigen, Lautlosigkeit* und *Stummheit* zu. Die Sprache lässt hier keine Mehrzahl zu. Das gilt auch für das Gegenteil von Stille: den *Lärm* oder das *Getöse*, den *Schall*, das *Gebrüll*, den *Knall*, das *Geschrei* oder den *Radau*. Auch das Wort *Rundfunk* ist ein Singularwort. Folgen wir der semantischen Spur der Worte weiter, stellen wir fest, dass Stille nicht nur ein singulärer Begriff ist, sondern auch ein relativer. Ebenso wenig wie eine Mehrzahl von Stille existiert, gibt es die absolute Stille. Stille lässt sich immer nur in Referenzwerten beschreiben. Sie braucht einen Kontext, damit man sie messen kann. Dieses Bezugsfeld ist das Geräusch. Stille ist ein paradoxes Phänomen, das sich nur über die Anwesenheit spezifischer Geräusche beschreiben lässt.

Doktor Murke wusste das. Als Mann, der bei dem Leit- und Lautmedium Radio angestellt ist, bedeutete Stille auch für ihn nicht einfach das Gegenteil von einem Geräusch. Deshalb konnte er die Stille, die das Schweigen umgibt, auch hören. Doktor Murke war ein smarter Partisan des jungen Nachkriegsradios. Seine gelbe Keksdose staubt heute im Archiv der Rundfunkgeschichte langsam vor sich hin. Stille ist derweil auf dem Sender weniger angesagt denn je. Sie würde den Gesetzen des Mediums diametral entgegenlaufen. Stille ist die Negation von Radio. Ergeben sich im Sendeablauf mehr als acht oder zehn Sekunden Funkstille, schaltet sich automatisch das Notaggregat ein und fährt eine Musikkonserve ab. Doktor Murkes Wort *beschweigen* ist längst ein Opfer dessen geworden, was es beschreibt.

Geräuschpsychose

Die Radio-Krankheit

Von der satirischen Erzählung des Doktor Murke und seinem gesammelten Schweigen führt der Weg in einen Kontemplationsraum, den einige Jahre zuvor Doktor Picard mit seiner 1948 erschienenen Schrift *Die Welt des Schweigens* ausgelotet hatte. Bei dem Arzt und Kulturphilosophen Max Picard muss man indessen von einem ernst gemeinten Versuch sprechen, das Schweigen als »Grundstruktur des Menschen« in den Blick zu nehmen. Da geht es nicht um gesammeltes Schweigen, sondern um Schweigen als Sammlung, als Meditation, als Haltung. Sein Buch will ein »Ruf aus der Stille« sein, zur »Kraft des Ursprünglichen« zurückfinden. Schweigen ist für Picard nicht einfach die Abwesenheit von Sprache und Lauten, erschöpft sich nicht in der »Aufhebung des Wortes, es ist nichts Reduziertes, es ist etwas Ganzes, etwas, das durch sich selbst besteht«.[1] Aber man muss es wollen. Schweigen setzt eine Entscheidung voraus.

---

1 Max Picard, *Die Welt des Schweigens*. Frankfurt am Main und Hamburg 1959, S. 9. Hier und im Folgenden des Kapitels übernehme ich einige Passagen aus: Stephan Krass, *Subjektiv, experimentell, ergebnisoffen. 60 Jahre Radio-Essay*, in: epd medien, Heft 43, 23. Oktober 2015, Frankfurt/Main, S. 6 f.

Genau da setzt Picard an. Denn der moderne Mensch ist ein Schweigeverweigerer, zumindest einer, der das Schweigen verlernt hat. Dabei war am Anfang nicht das Wort. »Das Wort kam aus dem Schweigen, aus der Fülle des Schweigens.«[2] Das Problem ist nur, dass die technische Zurichtung der Welt den Rückweg zum Schweigen verbaut hat. Wie eine Barrikade steht das »Wortgeräusch« im Weg und zieht den Menschen in seinen Bann. Dabei tritt das »Wortgeräusch« in der Moderne im Gewand einer Gerätschaft auf, in deren Klammergriff der Mensch als einsames »Wesen des Raumes« existiert, »abgetrennt von der Zeit«.[3] Seine technische Realisierung erlebt »das babylonische Geschrei des modernen Kulturbetriebs« nämlich in jener »Maschinerie«, die Radio heißt. Bei Picard wird der Apparat, der »allen Raum des Schweigens okkupiert hat«[4], zum Paradigma seines mäandernden Kulturpessimismus.

Picards Anleihen bei Heideggers Diktion sind unübersehbar. »Der Gang in die Welt des Schweigens gleicht einer Wanderung auf einem Feldweg«, heißt es bereits im Klappentext. Argumentative Parallelen lassen sich indessen zumindest in bezug auf das Radio nicht unmittelbar herstellen. So nahm Heidegger in *Sein und Zeit* bereits 1927, also 20 Jahre

---

2 Ebd., S. 15.
3 Ebd., S. 135.
4 Ebd., S. 140.

vor Picards Schrift und vier Jahre nach dem offiziellen Start des Radiobetriebs in Deutschland, das lebenspraktische Potential des damals jungen Rundfunks mit durchaus abwägendem Interesse in den Blick. In §23 unter der Kapitelüberschrift *Die Räumlichkeit des In-der-Welt-seins* heißt es: »Alle Arten der Steigerung der Geschwindigkeit, die wir heute mehr oder minder gezwungen mitmachen, drängen auf Überwindung der Entferntheit. Mit dem ›Rundfunk‹ zum Beispiel vollzieht das Dasein heute eine in ihrem Daseinssinn noch nicht übersehbare Ent-fernung der ›Welt‹ auf dem Wege einer Erweiterung der alltäglichen Umwelt.«[5] Heidegger geht es nicht um den schädlichen Einfluss des Radios auf die menschliche Verfassung, sondern um die Ausdehnung des Erfahrungsraums, die das neue Rundfunkmedium für das »Dasein« mit sich bringt.

Aus dieser »Erweiterung«, in der das Dasein die »Welt« ent-fernt, d. h. näher an sich heranrückt, wird nun bei Picard eine Form der Zwangsvergesellschaftung, bei der der Mensch als »Anhängsel des Radiogeräusches« am Ende »mit der Welt nur noch durch das Radio in Beziehung treten« kann: »Aus dem Radio bezieht der Mensch alles.«[6] Diese hermetische Liaison bleibt nicht ohne Folgen. »So ungeformt ist das Radiogeräusch, daß

5   Martin Heidegger, *Sein und Zeit*. Tübingen 1967, S. 105.
6   Max Picard, a. a. O., S. 141 f.

es keinen Anfang zu haben scheint und auch kein Ende, es ist grenzenlos. Und so ist auch der Mensch dieses Radiogeräusches selbst: er ist formlos, unentschieden, innerlich und äußerlich, ohne Grenzen, maßlos.«[7]

Maßlos wird indessen auch der Furor des Autors, dessen medienkritischer Impuls sich längst hoffnungslos verselbständigt hat. Man könnte einen ganzen Katalog von Gegensätzen erstellen, zwischen denen die Amplituden in Picards Weltbild oszillieren. Erfüllte Stille steht gegen sinnentleerten Lärm, die Kraft des Ursprünglichen gegen ein verwahrlost grassierendes Unterhaltungsbedürfnis, künstliche Reize gegen unmittelbares Erleben, kontemplative Besinnlichkeit gegen diffus-schweifende Ablenkung. Für den Abgrund des Verderbens ist »das Heillose des Radios« wie geschaffen. »In dieser Welt des Radiogeräusches können auch alle Urphänomene, die Wahrheit, die Treue, die Liebe, der Glaube nicht existieren.«[8] Dafür ist im Zentralorgan des »Wortgeräusches« kein Platz. Picard könnte sich vermutlich allenfalls mit einem Radio anfreunden, dessen Programm von einer Art permanentem Pfingst-Ereignis beseelt ist. Ein metaphysisches Verständnis des Wortes »Sendung« und eine im missionarischen Sinn verstandene »Botschaft«

7   Ebd., S. 140.
8   Ebd., S. 146.

fänden vielleicht noch seine Zustimmung. Das aber leistet nicht einmal Radio Vatikan.

Am Ende sprechen Picards Invektiven dem Radio eine diabolische Macht zu, die sich nicht nur die Welt, sondern auch den Himmel untertan gemacht hat. »Das Radio scheint sich mit sich selbst zu unterhalten, der Mensch ist weggedrängt, er ist nur noch der Angestellte, der das Radiogeräusch bedient.«[9] Aber nicht nur der dienende Mensch, auch der allmächtige Gott wird durch den Apparat prinzipiell in Frage gestellt. »Gott, der ewig Dauernde, ist abgesetzt, das fortwährende Radiogeräusch ist statt seiner eingesetzt (...)«[10] Durch die »Unmasse von Worten«, die über das Radio in den Menschen »hineingeworfen« werden und eigentlich eine Antwort, eine Auseinandersetzung erfordern, erkrankt der Mensch schließlich. »Eine solche Psychose dient als Flucht aus der Welt, die dem Menschen das Wesentliche genommen hat: daß er antwortet und daß er verantwortet.«[11]

Als das Buch *Die Welt des Schweigens* 1948 in einem Schweizer Verlag erschien, war der philosophische Schriftsteller Max Picard ein vielgelesener Autor. 1959 wurde seine Schrift über das Schweigen als Fischer-Taschenbuch publiziert und erlebte wie

---

9   Ebd., S. 145.
10 Ebd., S. 147.
11 Ebd., S. 147.

die meisten seiner anderen Werke hohe Auflagen. Weisungen und Mahnungen in Form konservativer, wertorientierter Gegenwartskritik gehörten zur Zeitsignatur der Nachkriegsjahre und fanden in Kirchenkreisen, dem traditionellen Bürgertum und auf Tagungen »abendländischer« Akademien reichlich Zuspruch. Picards Bannflüche gegen das Radio stellen allerdings einen selten erreichten Höhepunkt dieses Genres dar. Sie statten das Hörmedium mit einem geradezu allmächtigen gesellschaftlichen Destruktionspotential aus. Radio als Störung, Radio als Krankheit, Radio als Schicksal, Radio als Wunde.

Aber wer oder was ist überhaupt *das* Radio? Für den Kulturpessimisten Picard ist es die finale Projektionsfläche, um seine Zivilisationskritik in einem Punkt kulminieren zu lassen: einer tief verankerten Ablehnung gegenüber allem, was als Moderne etikettiert wird oder als technischer Fortschritt daherkommt, was den Menschen zerstreut, ihn ablenkt oder von seinem Wesen entfernt. Als Max Picard 1965 starb, erschien in der Wochenzeitung DIE ZEIT ein Nachruf, in dem er ein »Seher« genannt wurde. Es läge nahe, hier die Pointe anzufügen: Ein Hörer war er jedenfalls nicht. Aber er wollte ja hören. Freilich suchte er eine andere Frequenz. Picard wollte die innere Stimme hören, also eher lauschen. Jedenfalls wollte er das Wort *hören* wieder an seinen etymologischen Nachbarn, an das Horchen und Gehorchen zurückbinden.

Es wäre zu einfach, Picards Feldzug gegen das Radio als reine Privatobsession oder ein Kultur-Kuriosum abzutun, das man mit einem Achselzucken auf sich beruhen lassen könnte. Seine Tiraden gegen das Radio waren zweifellos völlig überzogen und unangemessen, dennoch markieren sie den Beginn einer breiten Debatte, die in den 1960er Jahren unter den Stichworten der medialen »Dauerberieselung« oder »Reizüberflutung« Fahrt aufnahm und von Lehrern, Jugendpsychiatern, Ärzten, Theologen oder Familientherapeuten in nahezu alle gesellschaftlichen Institutionen getragen wurde. Ganz neu war diese Debatte freilich auch in der medial immer stärker vernetzten Bundesrepublik nicht. So wurde schon bald nach Aufnahme des regelmäßigen Sendebetriebs im Jahre 1923 von Kritikern eine »Diät des Hörens«, ja ein »kontemplatives Hören« angemahnt, Orientierung durch Programmzeitschriften empfohlen sowie »gesammeltes Lauschen«, um »das Hören richtig zu lernen« und »den krankmachenden Gebrauch technischer Medien« durch pädagogische Maßnahmen einzuhegen.[12] Auch heute – in Zeiten von *social media* – mehren sich Stimmen, die Eltern und Erziehungsberechtigte vor unkontrolliertem medialen Dauerkonsum von Kindern und Jugendlichen warnen. Nur würde man in unseren Tagen keine Schweigegebote mehr

---

12 W. Hagen, a. a. O., S. 86.

verhängen, sondern über eine angemessene Dosierung nachdenken.

Neben seinen Verbalinjurien finden sich in Picards Klageschrift gegen die Radiomaschinerie auch einige kursorisch angeführte Überlegungen, die in der kommunikationswissenschaftlichen Diskussion Jahrzehnte später wieder auftauchen. Etwa das Problem, ob Medien das Geschehen, über das sie berichten, nur abbilden oder ob sie es durch die Berichterstattung erst konstruieren. Oder ob Ereignisse nur dann für wirklich und authentisch gehalten werden, wenn sie Gegenstand der medialen Aufmerksamkeit geworden sind. Abgesehen von diesen raren Momenten, in denen zukünftige Fragestellungen aufblitzen, bemüht Picard eine hermetische Diktion, die in ihrer dezidierten Rückbindung an Weisheitslehren, Traditionswerte und Verhaltenspostulate für heutige Leserinnen und Leser schwer nachvollziehbar ist.

Was die begriffliche Einordnung des neuen Hörmediums betrifft, war Martin Heidegger präziser. Er sprach in *Sein und Zeit* vom Rundfunk, nicht vom Radio. Der Begriff Rundfunk ist technisch definiert, nicht inhaltlich, und orientiert sich an dem Vorgang der Funkenentladung bei der drahtlosen Telegraphie. Später werden auch solche Institutionen Rundfunk genannt, die mit Hilfe dieser Technologie die Ausstrahlung von Sendungen organisieren. Das Wort Radio steht hingegen zunächst für den Strahl (lat. radius), der vom Sender zum Empfangsgerät geschickt wird. In beiden Begriffskonzepten – Rundfunk wie Radio – ist es das Programm, das die Sendeinhalte sammelt und organisiert.

Wenn auch keine scharfe terminologische Trennung vorgenommen werden kann, so ist der Begriff Rundfunk eher technisch oder administrativ inspiriert, das Wort Radio auf der Seite der praktischen inhaltlichen Umsetzung dieses Prinzips angesiedelt. Man hört im Radio, was der Rundfunk sendet. Umgekehrt funktioniert diese Aussage nicht. Dem Wort Radio begegnete man indes von Beginn der regelmäßigen Sendetätigkeit an mit ausgeprägten Vorbehalten. Nicht nur Hans Bredow, auch die Reichspostverwaltung in Berlin lehnte Anfang der 1920er Jahre diese Bezeichnung als zu modisch ab. Generell stieß das neue Medium Radio in konservativen Kreisen eher auf Skepsis und wurde als »Modetorheit« abgetan. Aus Picards Perspektive ist es also nur konsequent, wenn er vom Radio spricht und nicht vom Rundfunk.

Picard trauert einer vormedialen Epoche nach, in der das Hören noch Zuhören und nicht technisch vermittelt war. Er möchte sich auf eine singuläre Stimme berufen, die in ihm selbst spricht: die wahre, die einzige, die innere Stimme. Nur auf dem inneren Weg vermag der »diskontinuierliche Mensch« der Moderne, den Herausforderungen, die ein entfalteter Kulturbetrieb für das Dasein bedeutet, etwas entgegenzusetzen. Dabei kann das Radio, das Ver*laut*barungsorgan der Diskontinui-

tät, nicht hilfreich sein. Schon gar nicht das soeben neu gegründete öffentlich-rechtliche Radio
der Nachkriegszeit. Denn dieses Radio sendet viele
Stimmen, sendet im Plural, ist Kontroverse, ist Dis-
kurs, ist Dissens, ist Dissidenz. Manchmal ist dieses
Radio auch Babylon. Aber das muss man aushalten.
Und wenn es wirklich nicht mehr geht, dann gibt
es da noch diese Taste. Zu Max Picards Zeiten war
es noch ein Knopf. Nein, ruft Picard dazwischen,
»auch wenn das Radio abgestellt ist, scheint das
Radiogeräusch noch da zu sein, unhörbar weiter-
zugehen«.[13] Aber da haben wir das Buch schon zu-
geklappt.

Haus des Rundfunks steht in goldenen Versalien über
dem Eingang des von Hans Poelzig entworfenen
Gebäudes in der Berliner Masurenallee mit Blick-
kontakt zum Funkturm. Poelzig hatte den 1931 er-
öffneten langgestreckten Bau mit der fünfgeschos-
sigen braunen Fassade aus lasierten Klinkern auf

---

13   Max Picard, a. a. O., S. 140. Die Digitaltechnik konnte Picard nicht voraussehen. Folgen wir der Medienwissenschaftlerin
Ute Holl, war seine Warnung vor der Gefahr, ständig auf Sendung
zu sein, nicht so unbegründet. »Die mobilen Geräte, mit denen wir
buchstäblich ausgerüstet sind, sind alles keine Endgeräte mehr. Sie
nehmen – mehr als uns lieb ist – ständig mit anderen Kontakt auf,
senden und übertragen unter Apparaten, ob wir sie bei uns tragen
oder nicht, und machen Klänge nach ihrer eigenen Melodie.«
(U. H., *Zukünfte des Radios*, in: *Der Ohrenmensch. Bühne des Hörwis-
sens*, Begleitbroschüre zur Eröffnung der Ausstellung *Radiophonic
Spaces. Begehbares Radioarchiv*, Haus der Kulturen der Welt, Berlin
1.11. – 10.12.2018).

der Basis des von ihm kreierten »Materialstils« in schnörkelloser Monumentalität gestaltet. Betritt man das Gebäude, das als erstes eigenständiges Funkhaus der Welt gilt, gelangt man in das Innere eines hohen Lichthofs mit umlaufenden gelb gefassten Galerien, die sich über alle fünf Etagen erstrecken. Vom Hauptgebäude zweigen zwei Flügelbauten ab, in denen die Studios, Sendesäle und Büros untergebracht sind. »In früheren Zeiten waren es die Kirchen, die Schlösser und die Rathäuser, die das ›Gesicht der Stadt‹ bestimmten«, schrieb der Kunstkritiker Paul Westheim zur Eröffnung, »zu ihnen gesellt sich nun als Dokumentation technischen Fortschritts und als Organ der breiten Masse (...) der Rundfunk.«[14]

Bereits wenige Tage nach Ende des Zweiten Weltkriegs meldete sich aus diesem Gebäude, von dessen Wänden noch die Durchhalteparolen der nationalsozialistischen Propaganda widerhallten, der Berliner Rundfunk, der auf Anordnung von Nikolai Bersarin, dem ersten Kommandanten der von den Alliierten besetzten Stadt, seinen Sendebetrieb aufgenommen hatte. Nachdem der geographisch in West-Berlin gelegene Sender ab 1949 im Zuge der Staatsgründung der DDR zunehmend von deren politischen Interessen majorisiert wurde, sich zum Sprachrohr der SED entwickelte und nicht linientreuen Journalismus sanktionierte, schnitten die

---

14 Zit. nach *Kalenderblatt*, Deutschlandfunk 22.01.2021.

Alliierten im Westen das Funkhaus kurzerhand von der Stromversorgung ab und legten den Sendebetrieb lahm. Im Juni 1952 wurde der Bau von den Engländern mit Stacheldraht abgeriegelt und langsam ausgehungert.

Noch vier Jahre lang hielten sowjetische Soldaten das *Haus des Rundfunks* besetzt. Die West-Berliner fanden in diesen Tagen für das stillgestellte Gebäude gegenüber vom Funkturm schnell einen neuen Namen. Sie nannten es das »Haus des Schweigens«. Nicht mal das geringste »Radiogeräusch« drang hier noch nach außen. Darin herrschte Kontinuität.

Im Jahre 1957 zog schließlich die Diskontinuität wieder ein. Sie firmierte unter dem Namen Sender Freies Berlin. Die Studiotechnik musste komplett ersetzt werden, nachdem sowjetische Soldaten die vorhandene technische Ausstattung abmontiert und aus dem Gebäude geschafft hatten. Mit seinen neuen Sendekomplexen avancierte der SFB zu einem Wegbereiter der Stereophonie. Fortan erklang das Radiogeräusch in Zwei-Kanal-Technik.[15]

Gut fünfzig Jahre nach Picards Warnung vor der Audio-Tyrannis liest sich der medientheoretische Befund, den Einfluss des Radios betreffend, erheb-

---

15 Der »kalte« Ätherkrieg ging indessen weiter. Dabei nahm die DDR-Propaganda besonders den RIAS (*Radio Im Amerikanischen Sektor*) ins Visier, der als *Rundfunk Im Ami-Sold* bezeichnet wurde. Ein gängiger Slogan lautete: »Der Rias lügt, die Wahrheit siegt!« Diesen Aufdruck trugen 1957 die Quittungen für bezahlte Rundfunkgebühren in der DDR.

lich abgeklärter. Das alles dominierende »Radio-geräusch« macht sich jetzt nur noch als ein Säuseln im Hintergrund bemerkbar. 2001 kommt der Literaturwissenschaftler Jochen Hörisch zu dem Ergebnis: »Das Radio und somit das erste elektronische Massenmedium ist auch heute noch ein Massenmedium – aber eins, das Hintergrundgeräusche produziert (...) Wie denn die Geschichte des Radios überhaupt eine Grundtendenz in der Entwicklung der Mediennutzung zur Kenntlichkeit verdichtet: Aus Medien der Versammlung werden solche der Zerstreuung.«[16]

16 Jochen Hörisch, a. a. O., S. 351 f.

Männliches Sitzen

Benn Radio

NEHMEN wir an, es ist sieben Uhr abends, gerade ist der Signalton des Zeitzeichens verebbt, und die Nachrichten beginnen. Am Tisch sitzt ein Mann, gedrungener Körperbau, kein Sitzriese jedenfalls, vor sich ein Glas Bier. Daneben ein Aschenbecher, Notizzettel. Der Mann ist Mitte 60, Halbglatze, Anzug, Krawatte, Ränder unter den Augen. Er sitzt da, als würde er immer dasitzen. Zumindest um diese Zeit, in diesem Lokal. Nehmen wir also an, er ist ein Stammgast, Einzelgänger zudem. Die Nachrichten sind jetzt vorüber, das Wetter wird mäßig, die Senderkennung ertönt.[1] Der Mann nimmt einen der Zettel, die vor ihm liegen, und notiert: »(...) die Wände sind abgerückt, es ist mehr Kulisse da als in meiner Wohnung, das Radio spielt.« Der Mann wohnt um die Ecke in der Bozener Straße, wo er eine Arztpraxis für Haut- und Geschlechtskrankheiten betreibt. Wir sind in Berlin-Schöneberg und schreiben das Jahr 1952, das Jahr 6 nach der Gründung des RIAS – Radio Im Amerikanischen Sektor,

---

1 Hier und im weiteren Verlauf des Kapitels übernehme ich einige Passagen aus: Stephan Krass, *Subjektiv, experimentell, ergebnisoffen. 60 Jahre Radio-Essay*, a. a. O., S. 4 f., sowie aus: ders., *Benn-Radio. Der Dichter geht auf Sendung*, Neue Zürcher Zeitung 11.03.2006.

weniger als einen Kilometer Luftlinie von der Bozener Straße entfernt.

Der Mann heißt Gottfried Benn, und er hat sich in dem schlicht eingerichteten Gastraum so positioniert, dass er in Ruhe gelassen wird. Er sitzt an einem kleinen Tisch hinten an der Wand und schaut ins Lokal. Von Zeit zu Zeit beugt er sich über seine Zettel und schreibt etwas nieder. Störungen sind im Ritual seiner abendlichen Lokalbesuche nicht vorgesehen. Soeben hat er in einem Briefentwurf an den Dichter-Kollegen Alexander Lernet-Holenia, der um eine Unterredung nachgesucht hatte, festgehalten, dass hier im Lokal, gerade wenn das Radio spielt, »mehr Kulisse« da sei als in seiner Wohnung. Jetzt wird er deutlich: »Ich bin kein Menschenfeind. Aber wenn Sie mich besuchen wollen, bitte seien Sie pünktlich und bleiben Sie nicht zu lange.«[2] Verbindlichkeit ist nicht gerade eine Kardinaltugend des wortkargen Stammgasts.

Im Radio beginnt gerade eine Wissenschaftssendung. Benn hört nicht zu. Und wenn, dann nur mit einem Ohr. Das Radio zählt zu den akzidentiellen Phänomenen im öffentlichen Raum. Hier in seinem Stammlokal gehört es zum Inventar seiner zelebrierten Einsamkeit. Radio ist für Benn ein Medium der Zerstreuung, auf dessen Flügeln der schweifende Gedanke für Augenblicke davongetra-

---

2 Gottfried Benn, *Sämtliche Werke, Band VI Prosa 4*, Stuttgarter Ausgabe. Stuttgart 2001, S. 82.

gen werden kann. Jetzt zum Beispiel. Er notiert: »»– die Wissenschaft als solche –‹ / wenn ich derartiges im Radio höre, / bin ich immer ganz erschlagen. / Gibt es auch eine Wissenschaft nicht als solche?« Das Gedicht, dessen Anfang er gerade notiert, wird den Titel *Radio* tragen. Am Ende der ersten Strophe heißt es: »ich bin auf Surrogate angewiesen: / Radio, Zeitung, Illustrierte – / Wie kann man mir da sowas bieten?«[3] Benns Geschichte mit dem Radio ist kompliziert. Sie gleicht einem Reigen mehr oder weniger geglückter Affären.

Es sollte ein intellektuelles Gipfeltreffen des deutschen Nachkriegsrundfunks werden, doch das Studio in Stuttgart blieb leer. Ein halbes Jahr lang korrespondierte der Schriftsteller Alfred Andersch, der seit 1955 die Redaktion *Radio-Essay* beim Süddeutschen Rundfunk leitete und dabei von seinem jungen Mitarbeiter Hans Magnus Enzensberger assistiert wurde, mit den beiden Gesprächspartnern, doch die Begegnung am Mikrofon kam nicht zustande. Gottfried Benn ist von Beginn an nicht sonderlich überzeugt von der ganzen Unternehmung. Als sein Kontrahent Theodor W. Adorno schließlich um eine Verlegung des Aufnahmetermins bittet, wendet sich Benn persönlich an ihn und teilt in einem Brief vom 30. November 1955

3 Gottfried Benn, *Sämtliche Werke, Band II Gedichte 2*, a. a. O., S. 162 f.

mit, dass die von Andersch gewählte Fragestellung: »Reine oder engagierte Kunst? (...) völlig ausgelaugt und auf allen Sitzungen der Akademien und der Kulturkreisdiskussionen gründlich abstrapaziert« sei. Dann nimmt er seinen Kontrahenten Adorno direkt ins Visier: »Ich muss von vornherein sagen, daß ich mir keinen interessanteren Gesprächspartner als Sie vorstellen könnte, aber Sie sind gefährlich und mir dialektisch weit überlegen und beherrschen viel mehr Material, wissenschaftliches wie ästhetisches, zu all diesen Themen als ich. Ich müsste also enorm arbeiten, um einem Gespräch mit Ihnen gewachsen zu sein und dazu habe ich für ein Rundfunkgespräch gar keine Lust.«[4]

Wie Adorno dieses vergiftete Lob aufgenommen hat, wissen wir nicht. Ein Antwortschreiben liegt nicht vor. Jedenfalls ist das Radio-Gespräch nicht zustande gekommen, auch wenn Benn in seinem Brief vorsichtig andeutet, dass er bereit sei, über eine neue Themenstellung nachzudenken. Am Ende dominieren jedoch die Bedenken. »Übrigens wie stellen Sie sich dies Gespräch vor: Mit Frage und Antwort hin und her, und wenn ja, improvisiert

---

4 Dieser Brief vom 30.11.1955 findet sich nicht in den *Sämtlichen Werken* Benns. Er liegt im Archiv des SWR Stuttgart, trägt die Nummer 77 und ist unter den Korrespondenzen der Redaktion *Radio-Essay* abgelegt. Abgedruckt ist er in Gottfried Benn, *Absinth schlürft man mit Strohhalm, Lyrik mit Rotstift, Ausgewählte Briefe 1904–1956*, Hg. Holger Hof, Stuttgart/Göttingen 2017, Seite 313.

oder vorher festgelegt (...) Wie lange soll das ganze dauern?« Viel Zeit, den Mikrofon-Disput zwischen den beiden ungleichen Kontrahenten zu realisieren, wäre nicht geblieben. Am 7. Juli 1956, sieben Monate nach seinem Brief an Adorno, starb Benn. Sein Schreiben findet sich neben vielen anderen Manuskripten, Dokumenten und Korrespondenzen im Archiv der Stuttgarter Rundfunkanstalt, deren *Radio-Essay* Legende war. Unter diesem Rubrum versammelte Alfred Andersch ein breites Spektrum radiophoner Sendeformen: Feature, Hörspiel, Literatur, Gespräch, Rezension. So machte er den *Radio-Essay* zur Herzkammer der »großen Kulturmaschine Funk«.[5]

Auch Benn betrat bisweilen diesen Maschinenraum, aber stets mit latenten Vorbehalten und stabilem Misstrauen. Er praktizierte Radio, aber er glaubte nicht daran, damit irgendeine Wirkung zu erzielen. Die aufklärerisch-emanzipatorische Emphase, die im heißen Kern des Kulturradios der jungen Bundesrepublik pochte, war seine Sache nicht. Menschheitsfragen kamen ihm hochgradig suspekt vor. Wie er überhaupt kategorisch bezweifelte, dass man die Geschichte zu einem besseren Ende führen könne. In dem Brief an Adorno hat er diese Haltung

---

5 Zit. nach Manfred Koch, *Der Praeceptor Germaniae im Funkhaus. Vor hundert Jahren wurde Alfred Andersch geboren. Zum Geburtstag erscheint der Briefwechsel mit dem schwierigen Freund Max Frisch*, in: Neue Zürcher Zeitung, 1. Februar 2014.

auf einen lapidaren Befund heruntergebrochen. »Entscheidungen gibt es in diesen Fragen nicht, sie sterben ab, sie laufen sich tot, und andere treten an ihre Stelle. Die Probleme erledigen sich selbst (...)« So ist es nur folgerichtig, wenn es in dem Gedicht *Radio* heißt: »Nein diese vielen Denkprozesse sind nicht für mich / aber es gibt volle Stunden, / wo man auf keinem Sender (Mittel-, Kurz-, Lang- und Ultrawelle) / eine Damenstimme hört (›erst sagt man nein, dann vielleicht, dann ja‹) / eigentlich ist alles im männlichen Sitzen produziert, / was das Abendland sein Höheres nennt – ich aber bin, wie gesagt, für Seitensprünge.«

Als Unterhaltungs- und Begleitmedium lässt Benn das Radio gelten. Das Kulturradio als Impulsgeber für Denkanstöße oder öffentliche Debatten löst bei ihm Ressentiments, wenn nicht Fluchtinstinkte aus. Ein Blick in die Sprecherkabine genügt, um seinen Spott zu provozieren: sitzende Männer im Dienste dessen, »was das Abendland sein Höheres nennt«. Und jetzt auch noch mit Mikrofon! Nein, das ist nicht die richtige Gesellschaft für ihn. Es war nicht nur der Gesprächspartner Adorno – ein veritabler Sitzriese in den bundesdeutschen Radiostudios[6] –, der ihm nicht geheuer war, es war eine tiefe Skepsis

---

6   Vgl. Theodor W. Adorno, *Gespräche* (mit Ernst Bloch, Max Horkheimer und Eugen Kogon, Elias Canetti, Lotte Lenya, Arnold Gehlen, Hans Mayer), 6 Audio-Cassetten, Hg. Stephan Krass. Heidelberg 1999.

gegenüber der ganzen Veranstaltung, die ihn bewogen hat, die Sendung mit Adorno aufzukündigen. Aber warum den Dichter nicht beim Wort nehmen und seine Affären mit dem Radio als eine Geschichte von Seitensprüngen erzählen? Denn der Spötter angesichts der Kulturleistung sitzender Männer übte sich selbst nicht in konsequenter Radioabstinenz. Immer wieder ließ er sich von dem akustischen Medium verführen und ging auf Sendung.

So war Gottfried Benn auch für die Radiohörerinnen und -hörer der Nachkriegszeit kein Unbekannter. Er drängte sich nicht nach einem Platz im Studio, aber wenn er eingeladen wurde und man seine Bedingungen akzeptierte, ließ er sich durchaus bitten. Dann trug er Gedichte vor oder nahm an Gesprächen über ästhetische und politische Fragestellungen teil. Daneben verfasste er essayistische Texte und literarische Hörstücke für den Rundfunk. Von der *Totenrede auf Klabund* aus dem Jahre 1928 bis zum letzten Interview anlässlich seines 70. Geburtstags im Mai 1956 umfasst sein Hörwerk mit einer Gesamtspielzeit von etwa elf Stunden Lyrik, Prosa, Essays, Vorträge, Hörspiele, Interviews und Radiodiskussionen.[7] Nicht dabei sind knapp 20 Sendungen, vorwiegend für die Berliner *Funk-Stunde* aus der Zeit zwischen 1927 und 1934, die sich

---

7 Vgl. Gottfried Benn, *Das Hörwerk 1928–1956*, Hg. Robert Galitz, Kurt Kreiler, Martin Weinmann. Frankfurt/Main 2004.

nicht erhalten haben. So etwa die Radio-Vorträge *Genie und Gesundheit* (1930) oder *Heinrich Mann zum 60. Geburtstag* (1931) sowie die *Erzählung der Woche* (1932). Auch von einem Vortrag, den Benn am 24. April 1933 mit dem Titel *Der neue Staat und die Intellektuellen* gehalten hat, existiert kein Mitschnitt.[8]

Benns Hörwerk spannt einen zeit- und lebensgeschichtlichen Bogen aus den Pioniertagen des Weimarer Rundfunks bis zu den Gründerjahren des Kulturradios der 1950er Jahre. Durch den suggestiven Vortragsstil des Dichters erfuhr insbesondere seine Lyrik eine hohe akustische Präsenz. Dabei offenbart seine Stimme, gerade im Lesen der späten Gedichte, mitunter eine fragile, fast schutzlose Intimität, die so gar nicht zum kalten Auge des Radardenkers passen will. Da spricht ein tastendes Stimmorgan, ohne Gegenüber, im schalltoten Raum des Studios, zu einem imaginären Publikum. Vielleicht war es gerade die Einsamkeit des Mikrofonsprechers, die er an diesem hermetischen Ort suchte. Denn hier konnte er sich unbehelligt von äußeren Faktoren nur auf den Wellen seiner eigenen Worte treiben lassen.

Als Benn seinen Absagebrief an Adorno formulierte, waren gerade zwei Wochen verstrichen, da

---

8 Eine Abschrift findet sich in: Gottfried Benn, *Sämtliche Werke, Band IV Prosa 2*, a. a. O., S. 12 ff.

hatte er auf Einladung des Kölner Funkhauses an einer Abendveranstaltung mit dem Schriftsteller Reinhold Schneider teilgenommen, auf der die hochgestimmte Frage erörtert wurde: *Soll die Dichtung das Leben bessern?* Menschheitsfragen hatten Konjunktur in diesen Nachkriegsjahren, die von Debatten um Kollektivschuld, Wirtschaftsordnung und Wiederbewaffnung geprägt waren. Man hätte in der Publizistik der jungen Bundesrepublik kaum eine gegensätzlichere Konstellation finden können als diese beiden Schriftsteller: den in splendider Einsamkeit operierenden Strahlen- und Sphärendichter Gottfried Benn und den von dunklen Zweifeln geplagten Gottsucher Reinhold Schneider. Hier der Solitär, der als Künstler »statistisch asozial« bleiben will und nur mit seinem »inneren Material« lebt, dort der Schmerzensmann, der mit der »unaufhebbaren Not der menschlichen Existenz« ringt. Hier das kalte Blau der »Todesstrahlen«, dort der wärmende Hoffnungsstrahl der »christlichen Dichtung«. Hier das »Gammastrahlen-Lamm«, dort das Lamm Gottes. Hier Morphium, dort Weihrauch. *Soll die Dichtung das Leben bessern?*

Benn schließt sein Statement mit der lakonischen Bemerkung, man müsse sich nur die Biografien der meisten Dichter anschauen. Dann werde man anhand der dort versammelten Fakten sehen, wie schnell sich diese Fragestellung von selbst erledige. Denn ein »vorbildliches, andere besserndes Leben kann man aus den Produzenten von Dichtung

nicht herleiten.«[9] Aber auch von der ideellen Seite
her wächst der Dichtung keine bessernde Kraft zu.
»Wie schön wäre es für einen, der Dichtung machen
muß, wenn er damit irgendeinen höheren Gedanken verbinden könnte, einen festen, einen religiö-
sen oder auch einen humanen, wie tröstlich wäre
das für seinen Geheimsender, der die Todesstrahlen
ausschickt, aber ich glaube, daß vielen kein solcher
Gedanke tröstend zuwächst, ich glaube, daß sie in
einer erbarmungslosen Leere leben, unablenkbar
fliegen da die Pfeile, es ist kalt, tiefblau, da gelten
nur Strahlen, da gelten nur die höchsten Sphären,
und das Menschliche zählt nicht dazu.«[10]

Einen schmalen Spalt Licht lässt allein das Gedicht selbst in diese »Seinsabgründe« fallen, das
»moderne Gedicht, das absolute Gedicht, das Gedicht ohne Glauben, das Gedicht ohne Hoffnung.
Und doch kann es ein transzendentes, ein das Leben des einzelnen Menschen nicht verbesserndes,
aber ihn übersteigendes Wesen sein.«[11] Hier ist die
Dichtung ganz bei sich selbst, sie hat »keine ge-
schichtlichen Ansatzkräfte, wenn sie reine Kunst ist,
keine therapeutischen und pädagogischen Ansatzkräfte«. Vielmehr »hebt (sie) die Geschichte und

9 Gottfried Benn, Reinhold Schneider, *Soll die Dichtung das
Leben bessern?* Zwei Reden gehalten am 15. November 1955 im Rahmen einer öffentlichen Diskussion im Kölner Funkhaus. Wiesbaden 1956, S. 14.
10 Ebd., S. 17 f.
11 Ebd., S. 18 f.

die Zeit auf, ihre Wirkung geht auf die Gene, die Erbmasse, die Substanz – ein langer innerer Weg.« Diese Dichtung ist von etwas Überzeitlichem, tief in der Anthropologie Wurzelndem bewegt. Sie streut »an das Wüste gewordene Ufer Keime, Keime des Glücks und Keime der Trauer«.[12] Das »absolute« Gedicht übersteigt den Menschen, sein Dasein und die »Todesstrahlen«. Es verbessert das Leben nicht, aber es kann Augenblicke von Transzendenz hervorbringen. Das sind rare, exklusive und schwebende Momente. Auf die Ausgangsfrage des Abends vermögen sie indes keine positive Antwort zu geben.

Auch Reinhold Schneider kommt in seinem Vortrag zu keinem versöhnlichen Schluss. Christliche Dichtkunst kann den Menschen nicht ändern, sein Dasein bessern oder die Welt retten. Zehn Jahre nach Kriegsende und nationalsozialistischer Diktatur, nach Auschwitz, Stalingrad und Hiroshima haftet religiös gestimmten Glaubensbekenntnissen etwas Schales an. Der christliche Dichter weiß das. »Vielleicht aber wird es ihm gegeben, den Menschen zu stellen für den Biß des himmlischen Jagdhundes, ihn durch sein Wort so zu bewegen, dass er das Wort aus den Himmeln vernimmt.«[13] Vielleicht vermag es der christliche Dichter, »einigen wenigen« eine Frage ans Herz zu legen, »auf die niemand antworten kann als Gott. Das gilt auch dann, wenn der

---

12 Ebd., S. 19 f.
13 Ebd., S. 36 f.

Dichter keine Hoffnung auf Antwort hat.«[14] Auch hier fällt die Bilanz angesichts der Frage nach der Rolle der Dichtung für das Leben ziemlich nüchtern aus. Zudem ist der christliche Dichter, so Schneider, nicht der richtige Adressat, wenn es um das Problem eines besseren Lebens geht. Nicht die Religion, sondern Kants kategorischer Imperativ beinhalte eine »echt christliche Konzeption«. Denn es geht »um ein Soll: in der Ethik, im Christentum, in der Kunst.«[15]

Hier schließt sich der Kreis zu Benn. In diesem Kreis bleibt das Christentum außen vor, die Kunst und die Ethik schlagen den Bogen. Mehr traut auch Reinhold Schneider der christlichen Dichtung nicht mehr zu. *Soll die Dichtung das Leben bessern?* Am Ende bleibt von dem weit ausgreifenden Radius, den diese Frage um das Selbstverständnis, die Zweifel und die Neuorientierung der bundesrepublikanischen Nachkriegsgesellschaft beschreiben wollte, nur dieses »Soll«. Ziemlich »apodiktisch« steht es da, dieses Soll, bemerkt Benn schon am Beginn seiner Ausführungen. So wie das Soll der Zehn Gebote erhebt es sein Haupt und kann den gebieterischen Gestus kaum verbergen.

Bei Kant ist das Drohpotential durch das Ideal des Willens zum Guten und die Maxime der praktischen Vernunft gebändigt. Doch damit gibt sich

14 Ebd., S. 39.
15 Ebd., S. 37.

Benn nicht zufrieden, wenn er die Koppelung von Dichtung und besserem Leben prinzipiell unterläuft. Ist es nicht eine Anmaßung, der Dichtung eine solche Hypothek aufzuerlegen? Wer ist befugt, eine solche Fragestellung in die Welt zu setzen, und wer ist berufen zu antworten? Schon am Beginn seiner Ausführungen wird Benn deutlich: »Wer fragt eigentlich, wer stellt die Forderung, über die Dichtung eine Erklärung zu erwarten? Ist es ein Nationalökonom, ein Pädagoge, ein Geistlicher, ein Staatsanwalt; oder soll es Vox populi sein, der Consensus omnium oder das demokratische Ideal, demzufolge jeder alles wissen muss und über alles mitreden soll?«[16] Es ist kaum zu überhören, dass Benn keiner dieser Instanzen die Legitimation zuspricht, die Frage nach Dichtung und Leben zu stellen. Bei einer Diskussion mit dem Publikum, die sich an die Referate anschloss, meldete sich der Schriftsteller Heinrich Böll zu Wort, um zu unterstreichen, dass ein Dichter die Welt nur dann verändern könne, wenn er ein guter Dichter sei. Benn nahm diesen Gedanken auf und konkretisierte: »Das Kriterium ist natürlich doch nur die Qualität – und nicht die Absicht.«[17] Wobei zu vermuten ist, dass die Vorstellung von Böll und Benn hinsichtlich der Frage, was ein guter Dichter sei, nicht unbedingt deckungsgleich war.

---

16 Ebd., S. 7.
17 Gottfried Benn, *Sämtliche Werke, Band VII/1*, a. a. O., S. 318.

Benn wusste, wovon er sprach, wenn er die Dichtung von Imperativen freihalten wollte. Schon einmal hatte er – ein Vierteljahrhundert vor der Debatte im Kölner Funkhaus – bei einem kontroversen Radioauftritt die Unabhängigkeit der Kunst verteidigt und sich gegen jede Vereinnahmung der Literatur vehement gewehrt. Diese Spur führt zurück in die Zeit, als der Rundfunk in der Endphase der Weimarer Republik mit drei Millionen Hörern einen neuen Zenit erreicht hatte, während ideologische Zuspitzungen die politischen Kräfteverhältnisse zunehmend destabilisierten. *Können Dichter die Welt ändern?* lautete der Titel eines »Rundfunkdialogs«, dessen Sendefassung nicht erhalten ist. Wir können aber auf eine Abschrift des Gesprächs zurückgreifen, die am 6. Juni 1930 in der Zeitschrift *Das literarische Leben* publiziert wurde. Wer Benns Gesprächspartner bei diesem Radiodialog war, lässt sich nicht eindeutig rekonstruieren. Folgt man dem Rundfunkhistoriker Elmar Lindemann, wurde am 20. Mai 1930 im Rahmen der Berliner *Funk-Stunde* ein Gespräch mit dieser Fragestellung zwischen Gottfried Benn und dem Redakteur Otto Distler ausgestrahlt.[18]

Das Engagement von Dichtern in Zeitfragen weist Benn in diesem »Rundfunkdialog«, der eher den Charakter eines Interviews hat, als »Liebhaberei« und »lokale Ereiferung« zurück. Auch sonst spart

---

18 Ebd., S. 612 f.

er nicht mit Polemik und möchte die Veränderung der Welt lieber den »Technikern und Kriegern, den Armen und Beinen, die die Grenzen verrücken und Drähte über die Erde ziehen«, überlassen. Dichter verfügen über eine »prinzipiell andere Art von Erfahrung« und sind für »den schuldlosen Jammer der Welt« nicht zuständig. Deshalb können auch ihre Werke nicht für außerhalb der Dichtung liegende Zwecke einstehen. »Kunstwerke sind phänomenal, historisch unwirksam, praktisch folgenlos. Das ist ihre Größe.« Den Einwand seines Dialogpartners, einem »Nihilismus der Kunst« das Wort zu reden, spielt Benn zurück: »(...) nichts will wirken außerhalb seiner selbst, es ist der Zug in sich versunkener Gestalten, schweigsamer und vertiefter Bilder, wenn Sie das nihilistisch nennen wollen, ist es der besondere Nihilismus der Kunst.«[19]

Der Dichter nehme also die Maßstäbe »allein aus sich selbst«, verfolge »keine Zwecke« und diene »keiner Tendenz«, wirft sein Gegenüber fragend ein. Benn stimmt entschieden zu. Ja, der Dichter lässt sich nicht von fremden Mächten leiten. »Er folgt seiner individuellen Monomanie.« Die Tendenz-Literatur befinde sich dagegen auf einem Irrweg. Denn aus der Geschichte sollten wir gelernt haben, dass es eine gerechte Welt nicht gibt. »Nach 3 Jahrtausenden Vorgang darf man sich wohl dem Gedanken nähern, dies sei alles weder gut noch böse,

---

19 Ebd., S. 172 ff.

sondern rein phänomenal.« Statt also den Menschen etwas vorzuspiegeln oder sich zum Anwalt gegen prekäre Lebensverhältnisse aufzuschwingen, wäre es »weit radikaler, weit revolutionärer«, jeden einzelnen mit der unhintergehbaren historischen Wahrheit zu konfrontieren: »So bist du und du wirst nie anders sein, so lebst du, so hast du gelebt und so wirst du immer leben. Wer Geld hat, wird gesund, wer Macht hat, schwört richtig, wer Gewalt hat, schafft das Recht. Das ist Geschichte! Ecce historia!«[20]

Bereits einige Wochen zuvor, am 6. März 1930, hatte Benn in einem Aufnahmestudio der Berliner *Funk-Stunde* mit einem Dichter Platz genommen, den er als Weggenossen aus den Aufbruchszeiten des Expressionismus gut kannte. Beide waren sie in der von Kurt Pinthus im Jahre 1919 herausgegebenen Anthologie *Menschheitsdämmerung* mit ihren Gedichten vertreten. Der 44-jährige Gottfried Benn wird 1933 als kommissarischer Vorsitzender der Sektion für Dichtkunst von den Mitgliedern der Preußischen Akademie der Künste Loyalität gegenüber der neuen Reichsregierung unter Adolf Hitler einfordern, 1934 dem Nationalsozialismus den Rücken kehren, Schreibverbot erhalten und lange schweigen. Der 38 Jahre alte Johannes R. Becher, der als erklärter Parteigänger der »Tendenzkunst«

---

20 Ebd., S. 178.

ins Aufnahmestudio gekommen ist, wird 1933 ins russische Exil gehen, für Radio Moskau arbeiten, nach dem Krieg der DDR als Kulturminister dienen, die Staatshymne verfassen und Stalin-Elogen zu Papier bringen. Wie in der nicht stattgefundenen Begegnung zwischen Benn und Adorno geht es bei dem Radio-Gespräch zwischen Benn und Becher, das ohne Moderator stattfindet, um die Jahrhundertfrage nach »reiner oder engagierter Kunst«.

Johannes R. Becher kommt ohne große Umschweife zur Sache und redet einer »klassengebundenen Dichtung«, die zur »Befreiung der gesamten Menschheit« angetreten sei, das Wort. Benn hält auch hier das Bild eines Künstlers dagegen, der sich nur seinem inneren Gesetz verpflichtet fühlt. Bechers linken Fortschrittsglauben tut er als vulgären Hegelianismus ab. »Eine Offenbarung der Weltvernunft (...) beginnt großartig und endet namenlos, sie übersteht den Niagara, um in einer Badewanne zu ertrinken.«[21] Eine Annäherung der beiden Positionen findet nicht statt. Benn operiert in dieser Kontroverse stets im Einklang mit seinem autonomen Kunstbegriff, Becher kontert mit moralischem Welterlösungspathos, dessen schematischer Rigorismus nur weitere Angriffsflächen für Benns Verbalattacken aufmacht. In diesem ideologischen Stellungskrieg hat sich bis zum Schluss keiner der beiden Kontrahenten auch nur einen Millimeter be-

---

21 Ebd., S. 219.

wegt.[22] Gewinner ist allein das Radio, das in den späten Jahren der Weimarer Republik zunehmend seine gesamtgesellschaftliche Bedeutung erkennt und als Arena politischer Debatten immer stärker an Kontur gewinnt.

»Wollen wir von dem Radioabend bitte nicht weiter sprechen. Verfehlte Sache, blamable Situation«, schrieb Benn einen Tag nach dem Schlagabtausch im Studio an Thea Sternheim. »Lohnt ja garnicht. Nächstes Mal besser, aber nicht mehr am Radio, peinliches Milieu!«[23] Allein »wegen Monnaie u. wegen Scandalvermeidung« habe er die Sache bis zum Ende ausgestanden. Thea Sternheim, mit der Benn eine langjährige Freundschaft verband, wird sich einige Monate nach der Machtergreifung durch die Nationalsozialisten voller Empörung von ihm abwenden. Am 24. Mai 1933 hatte sie im Radio seine Rede *Antwort an die literarischen Emigranten* gehört.[24] Benn hatte dort in seiner Eigenschaft als kommissarischer Vorsitzender der Sektion für Dichtkunst der Akademie der Künste in Berlin die Erwiderung auf einen offenen Brief vorgetragen, den Klaus Mann aus dem südfranzösischen Exil im Namen der Emigranten geschrieben hatte. Darin stellte er Benn für

22 Vgl. Stephan Krass, *Der Rezensionsautomat. Kleine Betriebsanleitung für Kritiker und Leser*. München 2011, S. 84 ff.

23 Gottfried Benn, *Sämtliche Werke, Band VII/1*, S. 637.

24 Eine Abschrift findet sich in Gottfried Benn, *Sämtliche Werke, Band IV Prosa 2*, a. a. O., S. 24 ff.

seinen Schulterschluss mit den Nationalsozialisten zur Rede: »Was konnte Sie dahin bringen, Ihren Namen, der uns der Inbegriff des höchsten Niveaus und einer geradezu fanatischen Reinheit gewesen ist, denen zur Verfügung zu stellen, deren Niveaulosigkeit absolut beispiellos in der europäischen Geschichte ist und von deren moralischer Unreinheit sich die Welt mit Abscheu abwendet?«[25]

Benns Antwort erfolgte prompt. Er richtete seine Worte, die an Zynismus schwer einzuholen sind, in Form einer Radioansprache an die »literarischen Emigranten«: »Da sitzen Sie also in Ihren Badeorten und stellen uns zur Rede, weil wir mitarbeiten am Neubau eines Staates, dessen Glaube einzig, dessen Ernst erschütternd, dessen innere und äußere Lage so schwer ist, daß es Iliaden und Äneiden bedürfte, um sein Schicksal zu erzählen.«[26] Seine langjährige Freundin Thea Sternheim tituliert Benn in seiner offiziellen Funktion für die von den Nationalsozialisten okkupierte Preußische Akademie der Künste als »Reklamechef der neuen Mordfirma: Gottfried« und notiert im Juli 1933: »Man hat das Bedürfnis, sich fortwährend die Hände zu waschen, jede Erinnerung auszukotzen.«[27] Der Dichter Benn wird noch einige Zeit brauchen, um zu jener Ein-

25   Ebd., S. 510.
26   Ebd., S. 28.
27   Zit. nach Süddeutsche Zeitung 27.11.2004, Rezension zu: *Gottfried Benn / Thea Sternheim, Briefwechsel und Aufzeichnungen.* Hg. Thomas Ehrsam. Göttingen 2004.

sicht zu gelangen, die er 1950 in seiner autobiographischen Schrift *Doppelleben* im Hinblick auf den
Emigranten Klaus Mann so formulierte: »Dieser
27jährige hatte die Situation richtiger beurteilt,
die Entwicklung der Dinge genau vorausgesehen,
er war klarerdenkend als ich, meine Antwort war
demgegenüber romantisch, überschwänglich, pa-
thetisch (...)«[28]

Einen dunklen Nachhall erfahren die Radio-Debat-
ten aus den Weimarer Jahren 20 Jahre später. Wir
befinden uns wieder in einem Berliner Funkstudio.
Der Journalist Thilo Koch ist es, der den »inneren Emigranten« Benn und den Schriftsteller und
Historiker Peter de Mendelssohn, der 1933 vor den
Nationalsozialisten geflohen war, am 22. März
1950 ans Mikrofon bittet, um über das Schicksal
der Exilanten während des Nationalsozialismus
zu diskutieren.[29] Im Studio vibriert die Luft, die
aufgeladene Stimmung ist mit Händen zu greifen. Man muss diese beiden Nachkriegsmänner
mit ihren so verschiedenen Lebensläufen reden hören, um den Graben, der zwischen den Exilanten
und den Daheimgebliebenen verläuft, nur annä-
hernd ausloten zu können. Benn redet geschäfts-
mäßig neutral, immunisiert sich gegen eine wirk-
liche Auseinandersetzung und sucht immer wieder

---

28 Gottfried Benn, *Sämtliche Werke, Band V Prosa 3*, a. a. O., S. 87.
29 Vgl. Gottfried Benn, *Das Hörwerk 1928–1956*, a. a. O.

bei vorformulierten Statements Zuflucht, während Peter de Mendelssohn, der als britischer Kontrolloffizier nach Deutschland zurückgekehrt war, den damals auf den Zenit seines Nachkriegsruhms zusteuernden Dichter in immer neuen Anläufen auf das harte Los der Emigration aufmerksam machen muss. Am Duktus der Stimmen wird vernehmbar, wie schwer die Schatten des Nationalsozialismus auf der jungen Republik lasten.

Benn hört man das Unbehagen an der Begegnung mit dem weltläufigen und frei sprechenden Historiker, der auf Deutsch wie auf Englisch publiziert und aus dem Französischen übersetzt, deutlich an. Der Dichter, der 1933 die Emigranten als »Flüchtlinge« am »lateinischen Meer« bezeichnete, sich dann aber vom Nationalsozialismus abwandte und 1938 selbst mit einem Schreibverbot belegt wurde, wirkt verunsichert und in seinem Redegestus unbeweglich, auch wenn er seine Einlassungen mit höflichen Verbeugungen rahmt. Zudem lässt er sich nicht auf die Spontaneität des lebendigen Austauschs von Argumenten und Haltungen ein, sondern sucht immer wieder bei einem hölzernen Vortragsstil Zuflucht. Ohne Manuskript unterm Arm betritt Benn kein Aufnahmestudio. Er braucht den geschriebenen Buchstaben, um seinen Argumenten einen festen Grund zu geben. Warum hat er sich überhaupt auf diese Gesprächssituation eingelassen? Wollte er nicht längst mit dem Radio brechen? Noch 1949 hatte er an Oelze geschrieben: »Radio ist sehr gegen meine Neigung. Ich kann u will nicht unter mein Niveau (...)«[30]

Diese Unterschreitung seiner Niveau-Standards sollte Benn noch mehrmals in Kauf nehmen. Vermutlich war es auch eine gehörige Portion Eitelkeit, die ihn bei Einladungen ins Radio-Studio schwach werden ließ. Im Ausstreuen von Zweifeln indes blieb der Radardenker ein Meister. Anfang der 1950er Jahre fragte er seinen Interviewer Thilo Koch kokett: »Meinen Sie wirklich, die Leute wollen so etwas am Radio hören?«[31] Ja, sie wollten es. Der von den Westalliierten etablierte öffentlich-rechtliche Rundfunk erlebte in diesen Jahren nach dem Krieg, als es um die »intellektuellen Gründungsdebatten« der jungen Bundesrepublik ging, eine wahrhaft heroische Epoche und war nicht nur ein Lautmedium, sondern schlechthin das Leitmedium.[32] Dazu trug noch ein anderer Faktor bei. Nach den dröhnenden Mikrofon-Exzessen der Nationalsozialisten wollte man authentische Stimmen hören, und Benns Stimme kam, besonders wenn er seine Gedichte vortrug, diesem Bedürfnis entgegen. Im Begleitheft zum 2004 edierten Hörwerk Benns erinnert

30 Gottfried Benn, *Briefe an F. W. Oelze 1945–1949*. Stuttgart 1979, S. 251.

31 Thilo Koch, *Gottfried Benn und der Rundfunk*, in: Gottfried Benn, *Das Hörwerk 1928–1956*, a. a. O., S. 52.

32 Vgl. Monika Boll, *Nachtprogramm. Intellektuelle Gründungsdebatten im frühen Nachkriegsradio*, Münster 2004: LIT Verlag, und weiter: *Nachtstudio. Radioessays*, Hg. Barbara Schäfer und Antonio Pellegrino. München 2008.

sich Thilo Koch an diesen eigenwilligen Sound: »Seine Stimme war leise und ruhig, eindringlich und angenehm, weder zu hoch noch zu tief, er sprach nie eilig, nicht gepreßt, nicht forciert, eher undramatisch, etwas unterkühlt und distanziert, nie jedoch gleichgültig und unbeteiligt.«[33] Ungeachtet aller Vorbehalte gegenüber dem Hörmedium ließ sich der Meister bisweilen auch mit zustimmenden Äußerungen vernehmen. Am 25. Mai 1950 schrieb er an Oelze: »Gestern abend um 10 sandte [sic!] N.W.D.R. zehn Minuten lang die 5 Epiloggedichte aus ›Trunkene Flut‹, die ich auf Band gesprochen hatte. Meine Frau hörte zu, war sehr angetan, ich sass in meiner Kneipe und zischte mein Bier, von Patienten hörte ich, es sei ergreifend gewesen, zum Schluss kam schöne Musik.«[34]

Die Radioauftritte Gottfried Benns – seien sie politisch oder poetisch intendiert – finden im Umfeld der Verwerfungen in der Zeit der großen Kriege statt. Sie zeichnen neben vielen anderen akustischen Dokumenten die Tonspuren eines zerrissenen Jahrhunderts auf. Strophen und Katastrophen. Oftmals sind es gerade die Stimmen und all das Unerhörte, das unter oder zwischen den Tönen liegt, worin sich die Brüche und Wunden einer Epoche

---

33 Gottfried Benn, *Das Hörwerk 1928–1956*, a. a. O., Begleitheft, S. 57 f.
34 Ebd., S. 17.

manifestieren. Das Benn-Radio macht sie vernehmbar. Gesucht hat Benn das Radio nicht. Aber es hat ihn gefunden. Im Gegensatz zu vielen Dichterkollegen, die das neue akustische Medium entschieden begrüßt und sein Potential für literarische und politische Interventionen strategisch ausgelotet haben, hat Benn das Radio eher pragmatisch – »wegen Monnaie« – für sich genutzt. Er sah die Domäne des Rundfunks in der Unterhaltungsmusik und in Sportübertragungen, als eigenständiges ästhetisches Medium der Hörkunst schenkte er dem Radio wenig Beachtung.[35]

Obwohl Benn viele seiner Gedichte am Mikrofon vortrug, war er der Überzeugung, dass die moderne Dichtung ihre eigentliche Wirkung nur in stiller Lektüre als Schriftmedium entfalten könne.[36] In seiner berühmten Marburger Rede *Probleme der Lyrik* vom 21. August 1951 wird Benn ausführen, dass er persönlich das »moderne Gedicht nicht für vortragsfähig« halte. »Ein modernes Gedicht verlangt den Druck auf Papier und verlangt das Lesen,

---

35 »Wie traurig, wenn die Sendung endet u meistens endet sie zu (schnell) früh/jäh. Eben Gesänge hin und hergewendet Jazz, Tangos, Schlager, Blue in Blue.« Gottfried Benn, *Nachlass*, zit. nach G. B., *Das Hörwerk 1928–1956*, a. a. O., Beiheft, S. 61.

36 G. Benn an F. W. Oelze (Brief vom 22. August 1948): »Gedichte müssen gelesen werden, ihr graphisches Bild gehört dazu, ihre Länge, ihr Druck u.s.w. – die Zeit der Rhapsoden ist vorbei u. die Minnesänger sitzen jetzt an der Schreibmaschine.« Zit. nach Gottfried Benn, *Das Hörwerk 1928–1956*, a. a. O., Beiheft, S. 62.

verlangt die schwarze Letter, es wird plastischer durch den Blick auf seine äußere Struktur, und es wird innerlicher, wenn sich einer schweigend darüber beugt.« Kurzum: Der Text »geht gelesen eher ein«.[37]

Auf Einladung der Universität spricht Benn in einem voll besetzten Hörsaal vor Studentinnen und Studenten. 1951 ist das Jahr, in dem er nach zwölf Jahren Schreibverbot – erst durch die Nationalsozialisten, dann durch die Alliierten – zu höchsten literarischen Ehren gelangt. Anlässlich der Herbsttagung der Deutschen Akademie für Sprache und Dichtung wird er wenige Wochen nach der Marburger Rede als erster den neu geschaffenen Georg-Büchner-Preis entgegennehmen. Seinen Auftritt im Marburger Hörsaal bewertet Benn indessen in einer Notiz an seinen alten Brieffreund F. W. Oelze ebenso ungnädig wie seine Teilnahme an den Radio-Diskussionen: »Ein Glück, dass Sie nicht da waren! Ging schief! Zu grosser Hörsaal, zu viele Leute u miserable Akustik, die hintre Hälfte schrie: ›lauter‹, peinliche Sache, ich musste kürzen. Schlechte Organisation. Einmal u nie wieder.«[38] Gottlob haben die »schlechten« Organisatoren dafür gesorgt, dass die Rede mitgeschnitten wurde und über den Hessischen Rundfunk ihren Weg ins Radio fand.

---

37 Gottfried Benn, *Sämtliche Werke, Band 6 Prosa 4*, a.a.O., S. 41.
38 Ebd., S. 263.

Zu den Dichtern, die die steile Karriere des neuen Mediums Rundfunk in der Weimarer Republik begrüßt und seine Eignung als politisches Instrument schnell erkannt haben, gehörte Johannes R. Becher, der seit 1928 Vorsitzender des neu gegründeten Bundes proletarisch-revolutionärer Schriftsteller war. Seine eigene poetische Imagination hat das neue Medium indessen weniger inspiriert. 1929 veröffentlichte er sein Gedicht *Radio – Das Wunder der Alltäglichkeit*. In seiner formalen Gestaltung ist das Werk ein Zeugnis von begrenzter poetischer Strahlkraft. Die schematisch gesetzten und wenig originellen Kreuzreime sowie die simple metrische Struktur lassen eher an ein Gelegenheitsgedicht oder an einen Schlagertext denken (»und das große Wunder, es geschieht«).

Die Botschaft, auf die das lyrische Werk inhaltlich zuläuft, ist zudem allzu offensichtlich. Man muss nur lang genug am Radioknopf drehen, dann steht ER plötzlich in des »Zimmer Mitte«, »und der ganze Äther jubiliert«. Bei einer so tiefen Verneigung vor dem hohen Gast darf sich das Wort »jubiliert« auch ganz ungeniert auf sich selbst reimen. Höherer poetischer Ehrgeiz wird aber ohnehin nicht angestrebt. Denn eine andere als die strikt eindimensionale Lesart, auf die das Gedicht unweigerlich hinsteuert, ist gar nicht vorgesehen. Man muss einem Werktätigen nicht den Genitiv bei Walther von der Vogelweide erklären, aber man kann die revolutionären Massen auch ästhetisch unterfordern.

Radio – Wunder der Alltäglichkeit

Zeit und Raum sind tönend überwunden
und das große Wunder, es geschieht:
Alle Sender haben sich verbunden,
und sie singen dir ein trunknes Lied.
...
Dreh den Knopf! Wer wird sich melden?
Wen wird jetzt dein Zauberruf erreichen?
Senden Antwort dir die toten Helden?
Vogelzwitschern in ein Pausenzeichen.

Drehe wieder, und die Stimme schwindet,
und der ganze Äther jubiliert.
Wer nicht Wunderbares dabei findet,
hört nicht, wie SEIN Herz dort jubiliert.

Und du hörst des Mannes Stimme nah,
und er steht in deines Zimmers Mitte:
Lenin spricht, der Mann, der kam und sah,
Und die Völker folgten seinem Schritte.[39]
...

Bei dieser Eloge auf das Radio, in deren Fokus
die Anrufung der Cäsarenfigur Lenin steht – »der
Mann, der kam und sah« –, bediente sich Becher,
um dem Erlöser Stimme zu geben, noch des Ver-

---

39 *Radio-Kultur in der Weimarer Republik.* Eine Dokumentation,
Hg. Irmela Schneider. Tübingen 1984, S. 31.

stärkermediums Rundfunk. Die gereimte Hagiographie zu Stalins 75. Geburtstag von 1953 erfolgte hingegen gänzlich unplugged. Seinem Stilprinzip, das den Verlust aller literarischen (und politischen) Maßstäbe in Kauf nahm, ist der Dichter indes treu geblieben.

Es wird ganz Deutschland einstmals Stalin danken.
In jeder Stadt steht Stalins Monument.
Dort wird er sein, wo sich die Reben ranken,
Und dort in Kiel erkennt ihn ein Student.

Dort wirst du, Stalin, stehn in voller Blüte
Der Apfelbäume an dem Bodensee,
Und durch den Schwarzwald wandert seine Güte,
Und winkt zu sich heran ein scheues Reh.
...
Mit Lenin sitzt er abends auf der Bank,
Ernst Thälmann setzt sich nieder zu den beiden.
Und eine Ziehharmonika singt Dank,
Da lächeln sie, selbst dankbar und bescheiden.[40]

Den Gratismut, diese Zeilen zu kommentieren, schenken wir uns. Wir wollen die beschauliche Eintracht der drei alten Männer auf der Bank nicht stören.

---

40 *Du Welt im Licht. J. W. Stalin im Werk deutscher Schriftsteller.* Berlin 1954: Aufbau Verlag, zit. nach Frankfurter Allgemeine Zeitung, *Ein Herrgott aus Wellblech und Stacheldraht. Elogen deutscher Schriftsteller auf Stalin,* 19.10.1991.

Bechers Gedicht *Radio – Wunder der Alltäglichkeit* von 1929 war nicht die einzige Hymne auf das neue Medium in seinen Gründerjahren. Zeugnisse, die das Radio zum Gegenstand poetischer Betrachtungen machen, gibt es auch von Karl Kraus, Kurt Tucholsky, Franz Werfel, Bert Brecht, Robert Walser, Kurt Schwitters oder Alfred Polgar. Ganz explizit hat indessen der tschechische Avantgardist und Kunsttheoretiker Karel Teige 1928 von einem Radio gesprochen, das nicht nur zum Gegenstand von Gedichten wird, sondern selbst eine eigene »radiogene Poesie« hervorbringt. Mithin eine Form von Laut- und Klanglyrik, die ohne die spezifischen Eigenschaften des neuen Mediums gar nicht zu konkretisieren wäre. »Die Radiopoesie, auditiv, raumfrei, hat breite lebendige Möglichkeiten (...) So wie die reine Kinematographie und photogene Poesie, so müssen auch die radiophonischen und radiogenen Gedichte nur mit elementaren Mitteln arbeiten (dort mit Licht und Bewegung, hier mit Ton und Lärm) und sich von der literarischen und theatralischen Eigenschaft lösen. Die radiogene Poesie ist eine Komposition von Klang und Geräusch, in der Wirklichkeit aufgezeichnet, aber zu einer dichterischen Synthese verwoben.«[41] Im Kontext des Hörspiels, eines Genres, das von Beginn an Rundfunk-

41 Karel Teige, *Liquidierung der »Kunst«*. Frankfurt am Main 1968, S. 103.

geschichte geschrieben hat, wird die »Radiopoesie« jene »elementaren Mittel« entwickeln, die originäre Klang- und Geräusch-Kompositionen hervorbringen und zu eigenständigen radiogenen Positionen führen.

»Die große Kulturmaschine Funk«

Andersch Radio

WIR riechen Pfeifenrauch, Kaffee und einen Hauch von Muskat: Trollinger. Wir sehen einen Schreibtisch voll mit Stapeln von Manuskripten, Briefen, Bandkartons und dahinter, fast verschwindend, aber immer aufrecht und mit randloser Brille – den Sitzredakteur. Sein Name: Alfred Andersch. In der Gründungsphase der Bundesrepublik hat er wie zahlreiche andere Intellektuelle, Schriftsteller und Künstler den Neubeginn des Kulturradios mitgestaltet. Nachdem am 8. Mai 1945 der Krieg beendet und die nationalsozialistische Propagandamaschine zum Stillstand gekommen war, begannen die West-Alliierten im Rahmen eines umfangreichen Demokratisierungsprogramms, der sogenannten Re-Education, Pläne für einen öffentlich-rechtlich verfassten Rundfunk mit föderaler, d.h. dezentral angelegter Organisationsstruktur zu entwickeln. Auf diesem Wege sollte als Gegenmodell zum gleichgeschalteten Radio der Nationalsozialisten ein breit gestreutes Spektrum unabhängiger und staatsferner Berichterstattung gewährleistet werden. Nachdem die ersten Landessender bereits ab 1945/46 ihren Betrieb aufgenommen hatten, wurde am 5. Juni 1950 der Senderverbund ARD gegründet, dem zunächst sechs Landesrundfunkanstalten als Mitglieder angehörten. Später sollten weitere hinzukommen.

Dem Kultur- und Bildungsauftrag der föderal organisierten Rundfunkanstalten kam dabei eine entscheidende Rolle zu. Schon bald wurde das öffentlich-rechtliche Radio zum Medium und Movens jener Gründungsdebatten, die den Neuanfang der jungen Republik begleiteten. Als Ort für Kontroversen, Streitgespräche und Diskussionen dienten nicht nur die politischen Foren der Parteien oder Verbände, nicht nur Seminar- oder Vortragsveranstaltungen an Universitäten, Akademien und Bildungsinstitutionen, sondern ebenso die Aufnahmestudios der neuen Sendeanstalten. Schriftsteller wie Alfred Andersch und Axel Eggebrecht, Wissenschaftler wie Hans Mayer und Dolf Sternberger oder Publizisten wie Walter Dirks und Eugen Kogon kommentierten und diskutierten die politischen und gesellschaftlichen Entwicklungen in den Sendestudios der Funkhäuser. Aber sie diskutierten nicht nur, sie setzten auch die Themen. So konnte sich eine Debattenkultur etablieren, die für das geistige Klima der Nachkriegsjahre prägend wurde. In allen Rundfunkanstalten bildeten sich Redaktionen, die das *kulturelle Wort* im Namen trugen. Titel wie *Abendstudio*, *Radio-Essay*, *Aula* oder *Funkuniversität* klingen auch heute noch wie Synonyme für diesen fest in der Programmpolitik verankerten diskursiven Sendetypus.[1] Aber auch in Redaktionen, die für populäre Sendeformen verantwortlich zeichneten, war das Thema Re-education auf der Agenda ziemlich weit oben angesiedelt. Dafür kann eine Serie um den Oberlandesgerichtsrat Hans Floriani stehen, die von dem in Wien ansässigen amerikanischen Besatzungssender Rot-Weiß-Rot produziert wurde. Neue Aufmerksamkeit erlangte die 1960 eingestellte Radio-Serie, als 2011 durch die Publikation *Die Radiofamilie* bekannt wurde, dass von 1951 bis 1953 die Schriftstellerin Ingeborg Bachmann – eine »kettenrauchende Meerfrau mit Engelhaar, die mehr flüsterte als sprach« – ein gutes Dutzend Drehbücher für die Soap-Opera verfasst hat.[2]

---

1 »In den Konzepten der Re-education bzw. Re-orientation kam dem Radio eine zentrale Bedeutung zu. Dies verband sich mit traditionellen deutschen Auffassungen aus den 1920er Jahren, wonach die Menschen durch den Rundfunk in erster Linie nicht unterhalten, sondern vor allem erzogen und kulturell ›veredelt‹ werden sollten. In diesem Rahmen kam den Intellektuellen in den Sendeanstalten eine wichtige Funktion zu.« Axel Schildt, *Medien-Intellektuelle in der Bundesrepublik*. Göttingen 2020, S. 108.

2 Ingeborg Bachmann, *Die Radiofamilie*, Hg. Joseph McVeigh. Berlin 2011. Die Autorin hat sich über diese frühen Radioarbeiten später nie geäußert und sie gar nicht erst ins Werkverzeichnis aufgenommen. Vermutlich fürchtete sie, dass in einer Zeit, die strikt zwischen E und U, zwischen leichter Muse und ernster Kunst unterschied, der frühe Ausflug ins Unterhaltungsfach ihrer Reputation als seriöse Schriftstellerin schaden könnte. Erst nach ihrem Tod hat sie das Nachleben der Serie, die als »humoristische Undercover-Reeducation« konzipiert war und als beliebteste Radiosendung der Nachkriegszeit in Österreich galt, eingeholt.

Alfred Andersch war ein Mann der ersten Stunde im deutschen Nachkriegsradio. Er arbeitete seit 1948 für das Kulturprogramm der neuen Sendeanstalten. Beim *Abendstudio* des Hessischen Rundfunks hatte er begonnen, bevor er 1955 im Auftrag des SDR-Intendanten Fritz Eberhard ein neues Kulturprogramm für das Stuttgarter Funkhaus einrichtete. Die Redaktion, in der die einzelnen Sendetitel zusammengeführt wurden, hieß *Radio-Essay*.[3] An vorderster Front an den Hebeln »der großen Kulturmaschine Funk« (Andersch) und zu allen Schandtaten bereit: der Assistent Hans Magnus Enzensberger. Er ist 26 Jahre alt, kommt frisch von der Uni, ist blitzgescheit und durch nichts zu beeindrucken. Aber vom Radiomachen hat er keine Ahnung. Als Kapital bringt er seine Grundhaltung mit: Neugier, gepaart mit Welthunger und enormer Unternehmungslust. Das muss reichen für einen, der schnell lernt.

Und jetzt die Autoren. Es betreten das Studio – wenn nicht in persona, dann in Form ihrer Texte: Arno Schmidt, Wolfgang Koeppen, Ingeborg Bachmann, Max Frisch, Heinrich Böll, Ilse Aichinger, Martin Walser, Max Bense oder Margret Boveri. Die Liste ist unvollständig und ließe sich lange fortschreiben. Immerhin sind auch drei Frauen dabei. Mit einigem Abstand folgt, am liebsten allein in

---

3 Hier und im weiteren Verlauf des Kapitels übernehme ich einige Passagen aus: Stephan Krass, *Subjektiv, experimentell, ergebnisoffen. 60 Jahre Radio-Essay*, a. a. O., S. 4 f.

der Sprecherkabine, aber immer in aufgeräumter Sitzposition und im Zweireiher: Gottfried Benn. Ingeborg Bachmann spricht über Simone Weil, Margret Boveri über die Briefe von Walther Rathenau, Wolfgang Koeppen rezensiert Emile Zola, und Max Frisch räsoniert über Architektur. Von Gottfried Benn hören wir das Hörspiel *Die Stimme hinter dem Vorhang,* von Ilse Aichinger das Hörspiel *Knöpfe* und von Arno Schmidt eine szenische Lesung mit Texten von de la Motte Fouqué. Wenn die Autorinnen und Autoren nicht selber vortragen, werden ihre Texte mit professionellen Stimmen inszeniert. Der Name des Studio-Regisseurs, der am häufigsten in den frühen Besetzungslisten des Süddeutschen Rundfunks auftaucht: Martin Walser. Während der Regisseur mit der Tontechnik noch an einer komplizierten Kreuzblende bastelt, sitzt aufnahmebereit in der Sprecherkabine nebenan Max Bense. Er wird über die *Entwicklung und Problematik von Steuerungsautomaten* referieren. So hießen unsere Computer mal.

Mit Benses Essay sind wir im Jahr 1956 angelangt. Enzensberger wird die Stuttgarter Redaktion des *Radio-Essays* binnen Jahresfrist wieder verlassen. Die Neugier treibt ihn weiter, auch der Wunsch, nur noch Dichter zu sein. 1957 wird sein erster Lyrikband *verteidigung der wölfe* erscheinen. Andersch lässt ihn ziehen und lobt ihn. Ganz ohne Gift geht das freilich nicht ab. »Eine eminente Begabung« – so Andersch über Enzensberger – »in zehn Minuten

175

hervorschüttelnd, worüber andere, die sich schwerer tun, lange brüten, bedient er verächtlich die Apparate und die Funktionäre, wirft ihnen Modell-Manuskripte hin oder routinierte Mache (...)«[4] Aber auch Alfred Andersch, der neben seiner Arbeit beim Radio noch für die Buchreihe *studio frankfurt* sowie für die Zeitschrift *Texte und Zeichen* tätig ist und nicht zuletzt ein eigenes literarisches Werk zu betreuen hat, wird Stuttgart bald verlassen. Seit 1957 besitzt er in Berzona im Tessin ein Haus. Dort wird er sich mit seiner Frau, der Designerin Gisela Andersch, die die Gestaltung der Programmhefte des *Radio-Essays* übernommen hatte, zurückziehen. Der Absprung erfolgt 1958 mit derselben Entschiedenheit, mit der er zweieinhalb Jahre zuvor in Stuttgart den Aufbau eines neuen Kulturprogramms, das ARD-weit Maßstäbe setzen sollte, vorangetrieben hatte.

Andersch, der im Kulturradio der 1950er Jahre eine ähnlich prägende Rolle einnahm wie Hans Werner Richter in der Gruppe 47, hat im Stuttgarter Sender kurz entschlossen hingeschmissen. Anlass war ein Beitrag für den *Radio-Essay*, den er mit seinem Schriftstellerfreund Heinrich Böll verabredet hatte. Das Manuskript trug den unverfänglichen Titel *Brief an einen jungen Katholiken*. Der Brief ist an einen Herrn M. gerichtet, der gerade einen Ein-

---

4 Alfred Andersch, *I (in Worten: ein) zorniger junger Mann*, in: Frankfurter Hefte, Heft 2 1958, siehe auch: http://www.planetlyrik. de/hans-magnus-enzensberger-verteidigung-der-woelfe/2017/11/, verifiziert am 26.06.2022.

kehrtag für junge Rekruten in einer katholischen Institution absolviert hat. Briefautor Böll erinnert sich darin an seinen eigenen Einkehrtag im Jahre 1938: »Kein Wort über Hitler, kein Wort über Antisemitismus, über etwaige Konflikte zwischen Befehl und Gewissen.«[5] Statt dessen die Devise: »Die Katholiken immer vorne, wir sind doch keine Schlappschwänze.« Keiner der Geistlichen habe sich der Kumpanei mit den Nationalsozialisten widersetzt. Böll fährt fort: »Zwei Himmelreiche, drei, für einen Priester, der einmal die Schwachen, die Feigen, die Plattfüßler, die körperlich Untüchtigen gegen diese Turnlehrerideologie verteidigen würde.«

Dann kommt der Katholik Böll auf die Gegenwart von 1958 zu sprechen, in der die Einsichtigen unter den Geistlichen genau wüssten, dass die »Fast-Kongruenz von CDU und Kirche verhängnisvoll ist, weil sie den Tod der Theologie zur Folge haben kann«. Wohlfeiler sei es bei Klerikern allemal, »Witze übers Generalvikariat« zu machen und kommersartige »Kindereien« vorzutragen. Im übrigen würden die jungen Rekruten bei solchen Einkehrtagen mit eindringlichen Worten vor den »moralischen Gefahren des Soldatenlebens« gewarnt – »was bedeuten sollte sexuellen«. Wenn es indessen

---

5   Dieses und die folgenden Zitate, sofern sie sich auf den *Brief an einen jungen Katholiken* beziehen, in: https://www.boell.de/de/content/heinrich-boell-leben-und-werk-25, vgl. auch *Der Spiegel* 19/1959: https://www.spiegel.de/kultur/die-turnlehrertheologie-a-5 9ad7aa4-0002-0001-0000-000042625301, verifiziert am 26.06.2022.

um die Wiederbewaffnung Deutschlands gehe, werde so getan, als sei die Armee ein »Turnverein«. Dabei hüte sie den »schrecklichsten aller Horte, sie ist die Verwalterin des Todes von Millionen Menschen«. Der Kriegsteilnehmer Böll wusste, wovon er sprach. Am 19. Juni 1944 hatte er in einem *Brief an Eltern und Geschwister* den »vollkommenen Irrsinn des modernen Materialkrieges« beschrieben: »Massen von Panzern, Wolken von Fliegern, Nebelwerfer, Stalinorgeln und alles, alles dieses verbrecherische moderne Zeug, das Eisen spucken kann (...) Ich hasse den Krieg und alle die, die ihn lieben!«[6]

In der Chefetage des Süddeutschen Rundfunks hatte es wenige Tage vor der geplanten Ausstrahlung des *Briefs an einen jungen Katholiken* einen Wechsel gegeben, bei dem am 1. September 1958 der liberale Intendant Fritz Eberhard durch den Katholiken Hans Bausch abgelöst worden war. Bausch ließ sich die Aufnahme der Sendung kommen und nahm sie, ohne zu zögern, aus dem Programm. Bölls explizite Kritik an der unheiligen Allianz von Kirche, Klerus und Armee wollte er nicht über den Sender gehen lassen. Immerhin reiste Bausch persönlich nach Köln, um dem Schriftsteller, der zu diesem Zeitpunkt durch seine Romane *Und sagte kein einziges Wort* oder *Haus ohne Hüter* sowie durch sein politisches Engagement eine beachtliche öf-

---

6 Heinrich Böll, *Briefe aus dem Krieg 1939–1941*, Hg. Jochen Schubert. Köln 2001, hier zitiert nach https://www.boell.de/de/content/heinrich-boell-leben-und-werk-43, verifiziert am 26.06.2022

fentliche Wirkung entfaltet hatte, diese Entscheidung zu erläutern. Andersch wurde indessen vom Leiter der Abteilung *Radio-Essay* zum redaktionellen Berater herabgestuft und nahm seinen Hut.

Bölls *Brief* erschien 1958 in der Zeitschrift *Werkhefte katholischer Laien*. Eine weite Verbreitung fand der Text schließlich, als Printmedien wie *Der Spiegel* sowie die Tagespresse den Fall aufgriffen und die inkriminierten Passagen nachdruckten. So konnten nun alle lesen, was der Intendant den Hörerinnen und Hörern des Süddeutschen Rundfunks vorenthalten wollte. Mit einer seiner ersten Amtshandlungen hatte er einen weit über sein Haus hinausreichenden Skandal produziert und einer Sendung, die er eigentlich im Archiv entsorgen wollte, eine vielfach höhere Aufmerksamkeit verschafft, als es das Kulturprogramm des Süddeutschen Rundfunks je vermocht hätte. Zudem musste er die Leitungsposition für den *Radio-Essay* neu ausschreiben.

Auch der neue Mann ist ein Schriftsteller mit Profil. Einer, der mit den Avantgarden in der Literatur eng verbunden ist und somit auch dem Auftrag des ausgeschiedenen Intendanten Eberhard, das Experiment als Sendeform zu etablieren, ausdrücklich nachkommt. Dass im Begriff des Essays der Versuch, das ergebnisoffene und prozessorientierte Arbeiten bereits angelegt ist, muss ihm niemand erklären. Der neue Mann heißt Helmut Heißenbüttel, und man wird es dem Programm bald anmerken, dass er da ist. Er wird die Redaktion bis zu seiner Pensionierung im Jahre 1981, mithin über 20 Jahre lang, leiten. Der neue Mann pflegt einen ausgeprägten Hang zu eben jenen offenen künstlerischen Formen, die heute schlecht beleumundet, damals aber bei den jungen Nachkriegsintellektuellen und Künstlern – und als solche verstanden sich die Radio-Essayisten in Stuttgart und anderswo – sehr *en vogue* waren.

Heißenbüttel probiert neue Sendeformate aus, ebnet der akustischen Kunst den Weg ins Funkhaus und etabliert mit dem *Studio für neue Literatur* ein Forum, in dessen Umkreis jüngeren Schriftstellerinnen und Schriftstellern nicht nur Gehör und Aufmerksamkeit zuteil wird, sondern auch ein angemessenes Salär. Ohne das Mäzenatentum des öffentlich-rechtlichen Rundfunks – so viel ist gewiss – wäre die deutsche Literatur um viele signifikante Texte und Stimmen ärmer. Und das gilt nicht nur für die Nachkriegszeit, sondern auch heute noch. Etabliert hat sich dieser mäzenatische Geist, von dem besonders das Hörspiel und die neue Musik profitierten, bereits in den Anfangstagen des öffentlich-rechtlichen Radios nach 1945. In den Redaktionsräumen und Aufnahmestudios der Sender in Stuttgart, Köln, Hamburg, Frankfurt, Baden-Baden oder München entfaltete sich so ein wesentliches Stück Kulturgeschichte der Bonner Republik. Ein passionierter Hörer und Zeuge dieser Entwicklung war der Verleger und Schriftsteller Michael Krüger: »Ich bin ein Kind des Radios. Das atmende

Zucken der Stoffbespannung über dem Lautsprecher, wenn ›dahinter‹ der Lauf der Welt ausgesprochen wurde; das langsame Verlöschen des grünen Auges als sichtbares Verschwinden der Wirklichkeit, die ausschließlich von den Städtenamen auf der beleuchteten Skala begrenzt wurde.«[7]

Wie aber sah so ein Funkhaus Anfang der 1950er Jahre von innen aus? Welchem Typus von Redakteur – Redakteurinnen waren in diesen frühen Jahren selten anzutreffen[8] – begegnete man auf den Gängen, in den Büros oder Kantinen der neuen Sendeanstalten? Die Karriere des Schriftstellers Martin Walser begann in den Aufnahmestudios des Süddeutschen Rundfunks. Den Blick, den er als junger Mann in das Innenleben eines Funkhauses werfen konnte, hat er in einem launigen Genrebild festgehalten: »Zu welchen Blüten die menschliche Flora fähig ist, wenn sie nicht dem Leistungsprinzip, jenem mediokrisierendsten aller Prinzipien, unterworfen ist, das konnte man in den Skurilitätsgrotten der frühen Funkhäuser erleben (...) Es gab unentschlossene Gelehrte oder anonyme Dichter oder englisch gekleidete Historiker oder platoni-

7   Krüger, Michael, *Die Erziehung der Ohren*, in: *Kulturradio. Erinnerungen und Erwartungen*, Hg. Gert Haedecke. Bonn 1996, S. 211.

8   In den öffentlich-rechtlichen Medien arbeiteten Frauen bis in die 1970er Jahre vornehmlich als Sekretärinnen, Tontechnikerinnen, Ansagerinnen oder Programmsprecherinnen. Und auch danach blieb die Zahl der Redakteurinnen deutlich hinter der der Redakteure zurück. Das erste bundesweite Medienfrauentreffen fand 1978 in Frankfurt am Main statt.

sche Politiker oder bloße Käuze oder entlaufene Internatsvorsteher oder verhinderte Bischöfe oder gescheiterte Handelsherren oder endgültig heiser gewordene Tenöre oder dann doch vom Alkohol ereilte Schauspieler oder Pfeife rauchende Anarchisten oder vom Weltkrieg für immer gestörte Feuilletonisten oder einfach erschöpfte Flüchtlinge oder vom Wirtschaftswunder zutiefst verschreckte Lyriker, aber es gab keine Manager.«[9]

Diese illustre Klientel hockte in den »Skurilitätsgrotten der frühen Funkhäuser« und machte Programm. Und was für eines. In Martin Walsers rückblickendem Text aus dem Jahre 1996 klingt eine unverhohlene Wehmut an. Jedenfalls ist der Seitenhieb auf die Manager in den Führungsetagen, die die Dichter und Tenöre, die Gelehrten, die Käuze und die Anarchisten der frühen Jahre abgelöst haben, unüberhörbar. Neben den Redaktionen, die eigentlich die Herzkammer der Funkhäuser bilden sollten, hat sich im Lauf der Jahre ein Paralleluniversum bürokratischer Verwaltungen angesiedelt, die einen gewitzten Beobachter zu dem Bonmot veranlasst haben, dass der öffentlich-rechtliche Rundfunk der einzige Behördenapparat sei, der sich auch ein eigenes Radio- und Fernsehprogramm leiste.

---

9 Martin Walser, *Geburtstag einer Oase*, in: *Kulturradio. Erinnerungen und Erwartungen*, a. a. O., S. 75 f.

Flaschenpost aus Amerika

Frisch Radio

IN seiner 1975 veröffentlichten autobiographischen Erzählung *Montauk*, die auf Long Island beginnt und über New York zurück in die Vergangenheit führt, lässt Max Frisch einen alternden Schriftsteller sein Leben Revue passieren. »Leben ist langweilig«, notiert er, »ich mache Erfahrungen nur noch, wenn ich schreibe.«[1] Kann der rückblickende Schriftsteller Max Frisch in seiner Figur auch der eigenen Geschichte noch einmal begegnen und mithin jenem Mann in mittleren Jahren, als der er selber einst in die neue Welt aufgebrochen war? Hier in Amerika setzte er mehr als zwanzig Jahre zuvor während eines Stipendienaufenthalts zu dem entscheidenden Höhenflug seiner Schreibkarriere an. Anfang der 1950er Jahre hat er den nordamerikanischen Kontinent bereist und die erste Fassung seines Romans *Stiller* zu Papier gebracht. Von *Stiller* über *Homo faber* bis zu *Montauk* wird der Inspirationsraum Amerika eine markante Spur durch sein Werk legen. Amerika ist nicht nur ein neu zu entdecken-

---

1   Max Frisch, *Montauk*, in: *Gesammelte Werke in zeitlicher Folge, 1968–1975*, werkausgabe edition suhrkamp in zwölf Bänden, Zwölfter Band. Frankfurt am Main 1976, S. 624.

der Kontinent und Projektionsort für einen europamüden Schriftsteller, sondern auch eine Chiffre für die weißen Flecken in der eigenen Biographie.[2]

»In Zürich verkomme ich durch Gewöhnung«, hatte Max Frisch Anfang 1951 in seinen Notizheften festgehalten. »Für mich die Notwendigkeit, mich zu regenerieren – durch selbständiges Leben ohne Gewohnheit – und jetzt noch die Lebenskraft, es zu können (...) im Frühling möchte ich nach Amerika, die Erde ist noch sehr gross, im Frühling bin ich vierzigjährig.«[3] In Amerika will der Vierzigjährige, der sein Geld als Architekt verdiente, endgültig zur Existenzform des Schriftstellers finden. »Seit zwei Jahren«, hatte er an die Rockefeller Foundation in New York geschrieben, »ist es mein lebhafter, oft ausgesprochener, aber aus eigenen Mitteln nicht erfüllbarer Wunsch, die Vereinigten Staaten von Amerika kennenzulernen, um das europäisch-beschränkte Weltbild, das wir mit unsrer humanistischen Bildung bekommen, endlich durch eigene Anschauung zu erweitern und der Realität der heutigen Welt näherzubringen. Das ist für jeden Intellektuellen unerlässlich, nicht zuletzt gerade für den Schriftsteller.«[4]

---

2 Hier und im weiteren Verlauf des Kapitels übernehme ich einige Passagen aus: Stephan Krass, *Unser Mann in Amerika*, aus: Neue Zürcher Zeitung 08./09.03.2003.

3 Max Frisch, *Jetzt ist Sehenszeit. Briefe, Notate, Dokumente 1943–1963*, Hg. Julian Schütt. Frankfurt am Main 1998, S. 108.

4 Ebd., 113 f.

Im April 1951 bricht Max Frisch auf Einladung der Rockefeller Foundation nach New York auf. Das Stipendium ist mit 330 $ pro Monat ausgestattet. Im folgenden Jahr unternimmt er ausgiebige Reisen über den amerikanischen Kontinent, die ihn auch an die Westküste und bis nach Mexiko führen. Was seine schriftstellerische Arbeit betrifft, war diese Zeit außerordentlich produktiv, auch wenn Frisch selbst es zunächst nicht so gesehen hat. Immerhin brachte er den Entwurf zu einem Roman mit, der ihm international zum Durchbruch verhelfen sollte: *Stiller*. Die Anregung zu diesem Schlüsselwerk verdankt er der populären amerikanischen Sage um den Bauern Rip van Winkle, der in einen Zauberschlaf fällt und, als er Jahre später wieder erwacht, von niemandem mehr erkannt wird. Dieses Motiv eines Namenlosen, dessen Identität im Dunklen liegt, fasziniert den Amerika-Novizen Frisch auf Anhieb und wird ihn in verschiedenen Ausformulierungen ein Schriftstellerleben lang begleiten.

Vermutlich ist er mit dem Stoff, der in den USA mehrfach literarisch bearbeitet wurde, in Verbindung gekommen, als er Washington Irvings 1819 publizierte Erzählung *Rip van Winkle* las, die als früheste amerikanische Kurzgeschichte gilt. Jedenfalls griff Frisch den Motivkomplex auf und entwickelte daraus die Szenenfolge um einen Mann, der nicht der sein will, für den die anderen ihn halten. Diese Konstellation lieferte die Grundidee für

sein erstes Hörspiel. Freimütig teilte er später mit:
»Ich arbeitete am Roman und brauchte Geld. Hatte
keine Idee für ein Hörspiel, ich stahl es also aus
dem werdenden Roman.«[5] Mit dem Hörspiel *Rip
van Winkle* hat Max Frisch den Auftakt für ein literarisches Programm formuliert, dessen initialer
Impuls auf seinen Amerika-Aufenthalt zurückgeht.
»Ich bin nicht Stiller!« lautet der erste Satz des
gleichnamigen Romans.

Neben der Bearbeitung des zentralen Motivs aus
dem *Rip van Winkle*-Mythos hielt Max Frisch seine
Eindrücke von dem fremden Kontinent vorwiegend
in journalistischen Texten fest. Die meisten dieser
Arbeiten entstanden im Auftrag des Schweizer Radios, das dem Schriftsteller gegen eine Pauschal-
summe von 3000 Franken angeboten hatte, aus
den Vereinigten Staaten zu berichten. Frisch bewegte sich in seinen Radiotexten weitgehend im
Radius des klassischen Kulturjournalismus, legte
den Fokus aber bewusst auf Themen, die am Rande
einer herkömmlichen Korrespondententätigkeit la-
gen. So berichtete er über zufällige Begegnungen
mit Menschen aus seinem New Yorker Alltagsleben,
schrieb über jenseits des Mainstreams liegende Strö-
mungen im amerikanischen Theater oder schilderte
seine subjektiven Eindrücke aus dem New Yorker

5   Zit. nach: *jetzt: max frisch*, Hg. Luis Bollinger, Walter Ob-
schlager, Julian Schütt. Frankfurt am Main 2001, S. 319.

Musikleben. Daneben verfasste er Miniaturen aus der Metropole (»Mein amerikanisches Haus«) sowie Reportagen, die seine ausgedehnten Reisen zum Gegenstand hatten.

Die in Amerika aufgezeichneten Tonbänder mit Interviews und Originaltönen schickte Max Frisch per Post über den Ozean. In Zürich wurden sie technisch und redaktionell bearbeitet, bevor sie in Magazinprogrammen oder als eigene Beiträge ausgestrahlt wurden. Nicht immer war die transatlantische Flaschenpost, die an den Gestaden des Zürcher Funkhauses landete, jedoch willkommen. Manche Sendungen aus Übersee erhielten den lapidaren Vermerk: »Wurde nicht gesendet« oder »zurückgestellt« oder »Sendung fraglich«.[6] Die Honorarabrechnungen im Archiv von Radio Zürich weisen insgesamt 14 verschiedene Titel auf, von denen etliche vor allem wegen technischer Mängel nicht gesendet wurden und die Zeiten nicht überlebt haben. Erhalten sind lediglich zwei längere Features, die mit dem Autor Max Frisch nach seiner Rückkehr im Jahre 1952 in einem Studio des Schweizer Rundfunks in Zürich produziert wurden. Es handelt sich um einen Essay mit dem Titel *Begegnungen mit Negern* und um die Reportage *Orchideen und Aasgeier. Ein Reisealbum aus Mexiko*. Diese beiden größeren Formate sind auch in ihrer Manuskriptfassung er-

---

6 Vgl. Max Frisch, *Tonbandreportagen, Features, Radioessays und Abendstudios*, in: *jetzt: max frisch*, a. a. O., S. 321 f.

halten und haben so in die *Gesammelten Werke* Eingang gefunden.[7]

Das Verhältnis des Schriftstellers Max Frisch zum Radio war in diesen frühen Jahren eher von pragmatischem Kalkül als von einer dezidiert ästhetischen Entscheidung für das akustische Medium bestimmt. Der Zuschuss zu seinen Lebenshaltungskosten in New York kam dem Rockefeller-Stipendiaten sehr gelegen. Sein intellektuell-künstlerischer Faszinationsraum aber blieb das Theater. Das Radio mit Millionen von Hörerinnen und Hörern versprach indes während der frühen 1950er Jahre aufgrund seiner Monopolstellung in einer Medienlandschaft, in der das Fernsehen noch wenig verbreitet war, eine hohe Resonanz. Für den ständig nach neuen Geldquellen Ausschau haltenden Schriftsteller bildete der Rundfunk zudem eine willkommene Ergänzung im Verwertungsprozess seiner Stoffe. Darin hatte es Frisch zu einem beachtlichen Talent gebracht: In seinem ökonomischen Gespür erwies er sich als ein moderner marktorientierter Schriftsteller, der die Ausdifferenzierung in gedruckte und elektronische Medien geschickt für sich zu nutzen wusste.

Viele der Motive und Stoffe, die Max Frisch in diesen frühen Jahren aufgriff und bearbeitete,

---

7 Max Frisch, *Orchideen und Aasgeier*, in: Max Frisch, Gesammelte Werke, a. a. O., Bd. 6, S. 196 ff., M. F., *Begegnungen mit Negern*, ebd., S. 243 ff.

tauchten als Auskoppelungen, Neubearbeitungen oder Umschriften im Kontext jeweils anderer Medien wieder auf. Das Radio mit seinen verschiedenen Programmsparten erweiterte das Spektrum der Verbreitungsmöglichkeiten erheblich. Insofern hat der Amerika-Reisende Frisch die Pauschalvereinbarung mit dem Schweizer Sender gerne angenommen.

Im Archiv des Schweizer Radios in Zürich finden sich noch einige Briefe von Redakteuren an den Reporter Frisch in Amerika, aus denen gleichermaßen Anerkennung wie Kritik vernehmbar werden.[8] So schreibt der Radiomann Rösler am 15. September 1951 an den im kalifornischen Berkeley weilenden Schriftsteller: »Im Allgemeinen finde ich Ihre Berichte besonders dann anregend und beeindruckend, wenn Sie ganz aus der persönlichen Schau heraus gestalten, während ich bei den Interviews eher hier und da den Eindruck habe, dass Sie etwas unsicher zwischen sachlichem Reporter und individuellem Privatmann hin und her pendeln.« In dem »individuellen Privatmann« ist unschwer der Schriftsteller zu erkennen, dessen subjektiver Blick nicht widerspruchslos mit der Rollenzuschreibung eines »sachlichen Reporters« einhergehen will. Be-

---

8 Der hier zitierte Briefwechsel zwischen den Redakteuren Rösler und Frei und dem Reporter Max Frisch findet sich im Max-Frisch-Archiv in Zürich. Der Autor dankt Julian Schütt und Tobias Amslinger für entsprechende Hinweise.

reits am 28. Juni 1951 hatte Redakteur Guido Frei bei dem Reporter Frisch eine engagiertere Haltung am Mikrofon eingefordert. »Die Art Ihrer Sprechweise dürfte da und dort noch etwas bestimmter, interessierender sein; die an sich durchaus richtige Absicht, locker und im Plauderton zu sprechen, wirkt oft so, wie wenn Sie das Ganze nur so nebenhin berühren würden.«

Diese Hinweise gingen an dem Amerika-Reporter nicht spurlos vorüber. In einem Brief aus Hollywood vom 8.10.1951 räumt Max Frisch ein: »Allgemein halte ich mit Ihnen dafür, dass ich mit Interviews weniger erziele als mit Eigenberichten, die auch viel längere Arbeit bedeuten. Freilich habe ich im Interviewen auch noch keine Erfahrungen.« Zudem stand Frisch mit den technischen Abläufen des Radios ganz offenbar auf Kriegsfuß. Mehrfach musste ihn die Redaktion daran erinnern, bei dem Aufnahmegerät die richtige Bandgeschwindigkeit einzustellen. »Wir hatten in letzter Zeit einige Schwierigkeiten mit dem ›Entziffern‹ Ihrer Bänder!« Zurück in New York gelobt Max Frisch, der auch inhaltlich angemahnt worden war, »konzentriertere Beiträge« zu liefern, in einem Brief vom 10.12.1951 Besserung. »Ich habe einige USA-Erfahrungen, die ich jetzt hoffe verarbeiten zu können für Sie – in kurzen Sendungen!«

Wie schwer sich die Redakteure des Schweizer Radios mit den Manuskripten ihres Reporters Max Frisch taten, zeigt ein Blick auf das einstündige

Feature *Orchideen und Aasgeier. Ein Reisealbum aus Mexiko.* »Ich hoffe natürlich«, hatte Frisch aus Amerika an seinen Redakteur bei Radio Zürich geschrieben, »dass Sie die Sendung brauchen können, dass der Hörer wenigstens etwas von dem Mexiko bekommt, das umso aufregender ist, je unromantischer man es sieht; an schrecklichen Eindrücken wäre noch manches zu liefern gewesen.« Aber auch ohne diese »schrecklichen Eindrücke« hatten die Schweizer Radioredakteure mit der Umsetzung des Manuskripts erhebliche Schwierigkeiten. Das belegen zahlreiche Abweichungen von der ursprünglichen Textfassung. Der provozierende Grundton der Reportage, der sich schon im Titel abzeichnet, wurde bei der Radioausstrahlung 1953 durch den Zusatz *Plauderei von Max Frisch mit Musik* wesentlich entschärft und magazin-affin weichgespült. Die »Aasgeier« durften im Titel stehen bleiben, aber nur um den Preis ihrer Neutralisierung im Text.

Für die Produktion der Sendung musste schließlich das von Max Frisch verfasste Manuskript auch formal komplett umgestellt werden, damit die Musikeinspielungen in die »Plauderei« eingefügt werden konnten. So schwimmen die Wortblöcke wie Inseln inmitten dieser musikalischen Revue und bilden ein unverfängliches akustisches Reisefeuilleton aus folkloristischen Klängen und impressionistischen Reisesplittern. Neben dramaturgischen Eingriffen und Streichungen mussten für die Sendung auch einzelne Formulierungen geändert werden. So ist etwa im Original von einem mexikanischen Jungen die Rede, der »pisst«. In der Sendefassung heißt es dann, er »lässt sein Wasser«. Alles andere hätte wohl für die Ohren des Schweizer Publikums von 1953 eine unzumutbare Provokation dargestellt.

Immerhin muss Max Frisch der Schweizer Radiofassung zugestimmt haben, denn der Autor tritt selbst als Sprecher auf. Das Manuskript in seiner ursprünglichen Fassung kam indessen einige Monate später im Hessischen Rundfunk unter dem Originaltitel *Orchideen und Aasgeier. Erlebnisse und Begegnungen in Mexiko* zur Aufführung. Redaktionell verantwortlich zeichnete im Frankfurter Funkhaus ein Sitzredakteur mit Rückgrat: der Schriftstellerkollege Alfred Andersch.

Von der Reportage *Begegnungen mit Negern* ist im Archiv des Schweizer Radios ein Bandkarton erhalten, auf dem der Originaltitel durchgestrichen und von fremder Hand korrigiert wurde: *Begegnungen mit Schwarzen* steht da auf dem Etikett mit den Angaben zu Titel, Autor, Länge und Aufnahmedatum. Klappt man den Karton, in dem das Tonband verwahrt wird, auf, flattert einem ein Zettel mit dem Vermerk »Gelöscht« entgegen. Das Originalband ist vorhanden, aber es ist verstummt. Wer immer diese Aktion durchgeführt hat – man hätte ja auch einen leeren Karton ohne das Tondokument ins Archiv stellen können –, hat das Band nach dem

Löschvorgang demonstrativ in die Schachtel zurückgelegt und es unter der registrierten Nummer in das Regalfach mit den anderen Tonaufnahmen von Max Frisch wieder einsortiert. Auch in dieser Hinsicht muss Korrektheit herrschen. Allerdings ergibt es wenig Sinn, eine gelöschte Tonkonserve im Archiv zu verwahren. Es sei denn, sie enthielte eine andere Botschaft.

Man kann aus heutiger Perspektive die eine oder andere Formulierung in der Reportage *Begegnungen mit Negern* zu Recht als diskriminierend oder paternalistisch kritisieren. Etwa wenn Max Frisch den Besuch eines Gottesdienstes mit schwarzen Sektenmitgliedern schildert und von einem »Geschrei wie aus dem Urwald« spricht oder von einem »Geheul, wie man sich ein Tischgebet von Menschenfressern vorstellt«.[9] Das ist aber nicht der durchgängige Tenor des Textes. Schon ein paar Zeilen weiter zitiert Frisch aus der »höchst lesenswerten Anthology of American Negro Literature«, dass von der Lösung der Rassenfrage »das Schicksal der Vereinigten Staaten« abhänge.[10] In einem anderen Kapitel teilt er hinsichtlich seiner Alltagserfahrungen mit, dass er selbst »auf der Avenue (...) nie eine Belästigung« erlebt habe, »(...) obschon der einzige Weiße weit und breit, dagegen viel freundliche Auskunft, freundlich im Sinne der Neger, die lieber etwas Ver

9 Max Frisch, *Begegnungen mit Negern*, a. a. O., S. 248.
10 Ebd., S. 255.

kehrtes sagen als überhaupt nichts (...) nicht aus
böser Tücke, sondern aus der Dienstfertigkeit eines
verängstigten Menschen oder auch aus kindlichem
Stolz, Bescheid zu wissen.«[11]

Die generelle Tonlage des Manuskripts ist von
Interesse und Neugier getragen und nicht zuletzt
von dem Selbstanspruch des Autors, unvoreinge-
nommen abzubilden, womit er bei seinen Recherchen konfrontiert wird. So berichtet Frisch von
einem schwarzen Arzt, »einem äußerst verhalte-
nem und sensiblem Mann«, der immer wieder mit
Vorurteilen zu kämpfen hat und »ständig darunter
leidet, dass er auf Schritt und Tritt darauf gefasst
sein muss, als Neger unerwünscht zu sein«. Frisch
kommentiert: »Die Diskriminierung ist keine le-
gale, nur eine praktische, willkürliche, und das ist
für den Menschen, der ihr ausgesetzt ist, der zu-
sätzliche Stachel daran: der Hohn der papiernen
Gleichberechtigung, die Fassade von Demokratie,
die Heuchelei (...)«[12] Das Manuskript schließt mit
einem Sieben-Punkte-Appell des schwarzen Dichters und Bürgerrechtlers Langston Hughes, in
dem menschenwürdige Arbeits-, Ausbildungs- und
Wohnverhältnisse für Schwarze gefordert werden,
Gleichheit vor dem Gesetz, Stimmrecht, Höflich-
keit und die Anwendung der amerikanischen Verfassung.

---

11 Ebd., S. 245 f.
12 Ebd., S. 253 f.

Geist und Gestus dieser Reportage erschließen sich in eben solchen Passagen, in denen der Autor Max Frisch zum Anwalt und Fürsprecher der Rechte von Schwarzen wird. Wer das überliest oder nicht zur Kenntnis nimmt und sich statt dessen an einzelnen Formulierungen festmacht, verfolgt Absichten, die durch den Duktus des gesamten Textes nicht gedeckt sind. Die Sendefassung kurzerhand zu löschen, ist somit nicht nur aus archivalischer Sicht – freundlich formuliert – kontraproduktiv. Was die inhaltliche Auseinandersetzung mit dem historischen Tondokument betrifft, hat die Löschaktion diese schlicht unmöglich gemacht. Immerhin gibt es noch die Textfassung.

In den Radiostudios der Schweiz und Deutschlands endete die Reise des Reporters Max Frisch in die Neue Welt. Für das Werk des Schriftstellers sollte sie indessen erst beginnen. Geradezu emphatisch hatte er im Sommer 1951 von Berkeley aus an den Freund Kurt Hirschfeld geschrieben, dass dieses Land eine »Offenbarung« für ihn sei, »dieses Meer von Land, viel Wüste auch, Gestirnlandschaft, man reist so von Sonnenuntergang zu Sonnenuntergang (...)«[13] Und zwanzig Jahre später notiert er in New York: »Man erwacht, geht auf die Straße und überlebt. Das macht fröhlich, fast übermütig (...)

13   Max Frisch, *Amerika*, Hg. Volker Hage. Berlin 2011, S. 15.

und es ist nicht gelogen, wenn ich antworte: THANK YOU, I'M FINE!«[14]

Amerika blieb für den Schriftsteller Max Frisch ein zentraler Inspirationsraum, seine Liaison mit dem Radio eine Episode. Daran sollte sich auch in späteren Jahren nichts ändern. Noch der erfahrene Hörspielautor Frisch gab unumwunden zu, dass er selbst gar keinen Radioapparat besitze und dass er sein erstes Hörspiel geschrieben habe, ohne je eines gehört zu haben. Sein Roman *Stiller*, der 1954 bei Suhrkamp erschien, sollte der erste Titel werden, mit dem der Verlag eine Millionenauflage erreichte.

---

14 Max Frisch, *Tagebuch 1966–1971*. Frankfurt am Main 1972, S. 373.

Piraten, Panzer, Pockets

Mobiles Radio

ALS John Mayall 1962 die *Bluesbreakers* gründete, war er 19 Jahre alt. Unter den Musikern, mit denen die Band schon früh ihren Ruf als eine der besten britischen Live-Formationen untermauerte, fanden sich so klangvolle Namen wie Eric Clapton, Peter Green, Jack Bruce, Ginger Baker oder Mick Fleetwood. Spätestens mit der LP *The Turning Point* von 1969 galt John Mayall als »The White Blues King«. Er war in eine gute Schule gegangen. Zu den Säulenheiligen, die auf seinem Hausaltar einen prominenten Platz einnahmen, zählten unter anderen die legendären schwarzen Blues-Musiker Robert Johnson oder Willie Dixon.

John Mayall, der in dem Provinznest Macclesfield in der Nähe von Manchester in England aufgewachsen war, hatte schon als Jugendlicher seine Leidenschaft für den schwarzen Blues entdeckt. Im Garten des elterlichen Hauses ragte ein zwölf Meter hoher Antennenmast aus dem Gebüsch, der dem jungen Blues-Aficionado den Empfang von Musikprogrammen seines Lieblingssenders *Voice of America* ermöglichte. Jetzt musste er nur noch ein Tonbandgerät an sein Radio anschließen, um die Songs aufzunehmen und sie so oft anzuhören, bis

197

er sie nachspielen konnte. Was jetzt noch fehlte, war ein Studio. »Einmal mehr stellte der Autodidakt an Klavier, Gitarre und Mundharmonika in jenen Tagen seine Exzentrik unter Beweis, als er in ein selbstgebautes Baumhaus umzog, das er zusammen mit seinem Bruder im Hinterhof des Familienhauses errichtet hatte. Es bestand aus nur einem Raum, war aber mit Elektrizität versorgt, und bot John und seinen Freunden Gelegenheit, unbehelligt von Erwachsenen ihrer Musik-Manie zu frönen.«[1]

Wer als Teenager kein Baumhaus oder gerade keinen geeigneten Platz für einen zwölf Meter hohen Antennenmast hatte, lag zu Hause im Bett, stopfte sich die Kopfhörer in die Ohrmuscheln und nestelte am späten Abend, nachdem auch die Erwachsenen zur Ruhe gegangen waren, mit sorgfältig justierenden Fingerbewegungen, die jedem Tresorknacker zur Ehre gereicht hätten, am Drehknopf eines Radioempfängers, um möglichst störungsfrei einen der Piratensender im Ärmelkanal oder wenigstens Radio Luxemburg zu erwischen.

Der Begriff Radio – so viel wussten immerhin die Gymnasiasten aus dem Lateinunterricht – leitet sich von dem Wort *radius* ab und bedeutet Strahl. Genau diesen Strahl galt es – das war in solchen Momenten unverhandelbar – um jeden Preis aufzufangen. Wenn der Disc-Jockey bei *Radio Caroline*

---

1   Peter Kemper, *Kreuzzug für den Blues. Ein opulentes Box-Se… würdigt John Mayall*, Frankfurter Allgemeine Zeitung, 08.03.2021.

einen Lieblingssong von den *Bluesbreakers* oder von *Ten Years After*, von *Cream* oder von den *Doors*, von Jimmy Hendrix oder von Frank Zappa ankündigte, traf dieser Strahl mitten in die Herzen einer konspirativen Hörer-Community und illuminierte augenblicklich nicht nur die mit ikonischen Pop-Plakaten tapezierten Schlafzimmerwände, sondern die ganze Welt. *Come on, Baby, light my fire.*

Nahezu jeden Musiktitel rund um die Uhr hören zu können, war zu Zeiten vor *Spotify* oder *YouTube* nicht selbstverständlich. Schallplatten waren teuer, und das Taschengeld war knapp. Um so kostbarer waren jene Augenblicke, in denen die Stimme im Radio plötzlich einen Titel ansagte, den man ein Mal gehört hatte und für ein nächstes Mal barfuß bis zum Nordpol gelaufen wäre. Auf dem Pausenhof machte zwischen ein paar heimlichen Zügen aus der selbstgedrehten Zigarette und dem erbarmungslosen Gong, mit dem man in den Klassenraum zurückbeordert wurde, blitzschnell eine Erfolgsmeldung die Runde, wenn jemand am Abend zuvor auf einem der Piratensender die neue Scheibe von den *Stones*, den *Kinks, Pink Floyd* oder von Joe Cocker gehört hatte.

Für die musikalische Sozialisation der Nachkriegsgeneration, sei es Blues, Rock, Jazz oder Pop, war das Radio eine einzige große Wunschmaschine. Hier fand der ungestüme Welthunger von Beatniks und Bohemiens, von Existentialisten, Halbstarken,

Hippies, Mods, Punks und Rockfans jeder Couleur immer die richtige Frequenz. Und nicht selten lag diese außerhalb der etablierten Empfangskanäle. Im Sound der Popmusik hatten ein ganz neues Lebensgefühl und ein veränderter Wahrnehmungsmodus ihr Ventil gefunden. Hier wurde eine bisher ungehörte *lingua franca* ausbuchstabiert, ein Esperanto jugendlicher Subkulturen intoniert, und das Radio war ihr Medium. »Ich gehöre einer Generation an, für die das heimliche Abhören von Radio Caroline und Radio Luxemburg mit dem Transistorradio unter der Bettdecke der Urknall war, mit dem für sie Radio begann.«[2]

Das Radio, das einen Urknall durch den Äther schickte, sendete freilich nicht auf jenen Frequenzen, auf denen Peter Alexander, Cindy und Bert oder die Fischer-Chöre ihre Hörerschaft ins spätbiedermeierliche Eldorado der bundesdeutschen Radiounterhaltung lockten. Eine Spur Subversion und Anarchie, der Reiz des Verbotenen oder der Kick des Anrüchigen musste schon dabei sein. Da die etablierten Sender mit ihrem oft steifen Verlautbarungsjournalismus und den betulich-zahmen Musikpotpourris sich für die neuen jungen Subkulturen wenig aufgeschlossen zeigten, erfanden ein paar clevere Äther-Piraten, Disc-Jockeys und Musikproduzenten in England und Holland das

---

2 Cora Stephan, *Alte Zöpfe, gut ausgekämmt*, in: *Kulturradio. Erinnerungen und Erwartungen,* a. a. O., S. 207.

Radio neu. Dazu mussten sie ihre Sendestudios seetauglich machen. Der lockere und ungezwungene Moderationsstil, der nicht bei der klassischen Sprecherziehung in die Schule gegangen war, sowie ein brandaktuell bestückter Plattenschrank machten bei den jungen Hörerinnen und Hörern auf Anhieb Furore. Offshore-Radio hieß das Zauberwort.

»This is Radio Caroline on 199, your all day music station.« Diese Ansage, die am 28. März 1964 zum ersten Mal über den Äther ging, kündigte einen Aufbruch an und elektrisierte bald Legionen junger Hörerinnen und Hörer, die überall in Westeuropa an ihren Radiogeräten saßen und keine Gelegenheit verpassen wollten, sich autonome, unabhängige Erfahrungsräume jenseits von Spießerkultur und Kleinstadt-Pedanterie zu erschließen. Der selbstverwaltete Stadtteil Christiania in Kopenhagen war so ein Sehnsuchtsort, oder die Hippie-Enklave Haight-Ashbury in San Francisco. Im Fall des Piratensenders *Radio Caroline* war es ein ehemaliges schwedisches Fährschiff, das ursprünglich *Fredericia* hieß und für 20.000 Englische Pfund von dem irischen Musikproduzenten Ronan O'Rahilly gekauft und umgerüstet worden war. Das Schiff erhielt einen zehn Kilowatt starken Mittelwellensender, der sein Programm auf der Frequenz 1520 kHz ausstrahlte, ein improvisiertes Radiostudio nebst gut sortiertem Plattenschrank sowie einen neuen Namen: *Caroline*.

Benannt nach der Tochter des kurz zuvor ermordeten amerikanischen Präsidenten John F. Kennedy, lag das ehemalige Fährboot, das unter panamaischer Flagge registriert war, drei Meilen vor der Küste von Essex. Mit Hilfe des Offshore-Status umschifften die Radio-Piraten das in Großbritannien herrschende Sendemonopol der BBC und befanden sich mit ihrem Boot außerhalb des Geltungsbereichs, der auf dem Festland das Verbot von privat betriebenen Radiostationen regelte. Die Lizenz zum Hören stellte nun die rapide wachsende Community von Musik-Fans aus – über und unter der Bettdecke.

Als den Betreibern von Offshore-Sendern wie *Radio Caroline*, *Radio Veronica* oder *Wonderful Radio London* ab Ende der 1960er Jahre immer mehr rechtliche Hürden in den Weg gestellt wurden, entfaltete die *Caroline*-Crew um O'Rahilly ein phantasiereiches Setting ständig angepasster Strategien, um ihren Pop-Kahn auf Kurs zu halten. Auch bei schwerer See, meteorologisch oder juristisch, schickte der Piratensender, der mittlerweile in irische Gewässer umgezogen war, unbeirrt die neuesten Rock- und Popsongs in den Äther. Dem Motto aus der euphorischen Aufbruchsphase war man treu geblieben. »Bereits mit dem ersten Musiktitel wurde ein Zeichen gesetzt – gespielt wurde *Not Fade Away* von den *Rolling Stones*.«[3]

Mitte der 1990er Jahre erhielt *Radio Caroline* schließlich eine offizielle Sendelizenz und kann heute im Internet gestreamt werden. Die Disc-

---

3 Rainer Suckow, *Eine Prise Funkgeschichte,* a. a. O., S. 36.

Jockeys haben die Augenklappe abgenommen und müssen nicht erst durch schwere See stechen, um die Mikrofonplätze an Bord einzunehmen. *Radio Caroline* erreicht seine über die ganze Welt verstreuten Fans online, doch der Nimbus des Freibeutertums ist dahin. Aus der wildverwegenen Vergangenheit ist eine ziemlich normale Gegenwart geworden. Das subversive Pathos und der elektrisierende Spirit sind verflogen. Das trifft allerdings nicht nur für die Hoheit über den legendären Offshore-Plattenteller zu. Auch auf dem Festland hat der Mainstream Einzug gehalten. Der britische Musikfilm *Radio Rock Revolution* (Originaltitel: *The Boat That Rocked*) von Richard Curtis mit Philip Seymor Hofman, Kenneth Branagh und Emma Thomson in den Hauptrollen lässt das bewegte Kapitel Popgeschichte, das der Piratensender *Radio Caroline* aufgeschlagen hat, nochmal auf- und hochleben.

Während im Westen Piraten das junge Publikum bei Laune hielten, waren in der DDR die Pioniere unruhig geworden. Im selben Jahr 1964, als *Radio Caroline* auf Sendung ging, wurde zum Deutschlandtreffen der Jugend in Ost-Berlin das *Sonderstudio DT 64* ins Leben gerufen, aus dem später ein eigenes Programm des DDR-Radios wurde, das sich explizit an junge Hörerinnen und Hörer wandte. Hier legte kein Disc-Jockey auf, sondern der »Schallplattenunterhalter« (SPU). Dabei wurde ausdrücklich Wert darauf gelegt, die Titel auszuspielen, damit sie am heimischen Recorder mitgeschnitten werden konnten. Als das Programm 1990 im Zuge der Wiedervereinigung geschlossen werden sollte, versammelten sich vor dem Kulturpalast in Dresden 2000 Demonstranten, die den angestrebten Frequenztausch mit dem Sender RIAS verhindern wollten. 1964 hatte die Parteiführung der Gründung eines eigenen Kanals zugestimmt, um dem Ost-Frust der Jugend zu begegnen. Daraus war nun ein West-Frust geworden.

»Am 11. September 1944 befreiten amerikanische Panzerspitzen Stadt und Sender Luxemburg«, hält Friedrich Kittler über das Ende der Okkupation, in der die deutsche Wehrmacht den kleinsten Benelux-Staat und seine Radiostation besetzt hatte, fest. Kittler fährt fort: »Aber die vier Jahre Soldatensender hatten Spuren hinterlassen.«[4] Diese Spuren führten die Alliierten bei der Einnahme von Radio Luxemburg in eines der Tonstudios, in dem sie auf einen Gerätetyp stießen, dessen Aufnahme- und Wiedergabequalitäten schon die britischen und amerikanischen Geheimdienste, die den von deutschen Truppen kontrollierten Sender abhörten, in Staunen versetzt hatte. Es handelte sich um ein Magnetophon. Als Speichermedium für Stimmen und Geräusche war dieses Gerät, dessen Aufzeichnungstechnik auf Hochfrequenzvormagnetisierung

---

4 Friedrich Kittler, *Grammophon, Film, Typewriter*, a. a. O., S. 161.

beruht, den weithin gebräuchlichen Spezialphonographen, die mit Wachswalzen arbeiteten, weit überlegen. Ein Magnetophon ist handlicher, robuster und vor allem: Es kann mobil eingesetzt werden.

»Durch Zufall«, wie Kittler mitteilt, waren 1940 Techniker der BASF und der AEG auf das Vormagnetisierungsverfahren gekommen. Seinen Durchbruch erlebte das Magnetophon, als es »für Zwecke der Kriegsberichterstattung durchkonstruiert wurde«.[5] Neben dem Einsatz in der militärischen Kommunikation profitierte vor allem der gleichgeschaltete Rundfunk von dieser innovativen Kriegstechnologie. Sowohl die stabilere Klangqualität wie auch das leichtere Handling ebneten dem Magnetophon den Weg in die Sendezentralen im Reich sowie in die ausländischen Rundfunkstationen, die von den Deutschen erobert wurden.

Nach dem Krieg dauerte es nicht lang, bis die bei Fronteinsätzen deutscher Kriegsreporter bewährte Tonbandtechnik im Rahmen der zivilen Nutzung auch in den Wohnzimmern des bundesdeutschen Wirtschaftswunders ankam. Jetzt bedurfte es noch ein paar weiterer Schritte, um ein marktreifes Laufwerk für die rasant fortschreitende Automobilisierung zu entwickeln. Das Ergebnis ließ nicht lange auf sich warten. Im Jahre 1963 präsentierte die Firma Philips, die auf die Herstellung von Tonträgern spezialisiert war, anlässlich der Internationa-

---

5 Ebd., S. 163.

len Funkausstellung in Berlin die erste Compact Cassette. In den immer komfortabler ausgestatteten Interieurs großer und mittlerer Limousinen gehörte ein Radio mit Kassettenlaufwerk schon bald zum guten Ton. »Wie einst das Magnetophon im vordersten deutschen Kampfpanzer die Rundfunkproduzenten, machte der Kassettenrecorder auch Musikkonsumenten mobil, ja automobil.«[6]

Die privat betriebene Station Radio Luxemburg hatte derweil schon bald nach dem Krieg begonnen, ein Programm mit Schlagern und leichter Unterhaltungsmusik in die angrenzenden Länder auszustrahlen. Ab den 1950er Jahren erreichte der Sender vornehmlich bei jungen Hörerinnen und Hörern europaweit Kultstatus. Radio Luxemburg wurde zum Synonym für eine locker präsentierte, populäre Musikauswahl, die sich an einem auf mittlerer Betriebstemperatur eingependelten Zeitgeschmack orientierte. Wer es wild, rebellisch und ausgeflippt mochte, war bei den Piratensendern besser bedient. Während die studentisch geprägte Generation nach 1968 offen Freude daran empfand, die Trivialität des Angebots von Radio Luxemburg zu bespötteln, konnten die eher der Angestelltenkultur zugehörigen Fans des Senders durchaus triviale Freude empfinden, wenn Star-Moderator Frank Elstner das Schlager-Karussell mit Roy Black, Peggy March oder Cliff Richard zum Rotieren brachte.

---

6 Ebd., S. 165.

Indessen suchte man im Citroen 2 CV – dem Flaggschiff der 68er – vergeblich nach einem Einschaltknopf für das Autoradio. Ein Armaturenbrett im herkömmlichen Sinne gab es dort gar nicht. Nur einen Batterieanzeiger, den am unteren Rand der Frontscheibe befestigten Tachometer, den Choke und das Drehrad für den handbetriebenen Scheibenwischer. Für weitere Installationen wäre die raumgreifende Revolverschaltung, die die »Ente« mühsam auf Trab brachte, nur im Weg gewesen. Im Opel Kadett wuchsen derweil zwei kleine Boxentürme von der Hutablage in den Himmel, aus denen der Moderator von Radio Luxemburgs Erfolgssendung *Die großen Acht* die jüngsten Verkaufserfolge der Plattenindustrie bekanntgab. In der nur notdürftig gedämmten Fahrgastzelle einer »Ente« hätte man ohnehin kein Wort verstanden.

Die »Automobilität« des Rundfunks begann, sieht man von den verwegenen Experimenten einiger amerikanischer Radio-Enthusiasten aus den 1920er Jahren ab, auf der 9. Funkausstellung im August 1932 in Berlin. In den Messehallen am Kaiserdamm stellte die Firma Ideal Blaupunkt das erste in Europa gefertigte Autoradio vor. Das Gerät hörte auf den Namen *Autosuper AS 5* und holte mit seiner Antenne Sendungen von der Lang- und Mittelwelle ins Innere der Karosse. »Das 15 Kilogramm schwere Empfangsteil hatte einen Rauminhalt von 10 Litern und wurde durch Bowdenzüge mit der Bedieneinheit verbunden. Etwa 400 Exemplare wurden von dem für damalige Verhältnisse sehr teuren Luxusgut gebaut – der Preis betrug ungefähr ein Drittel eines Neuwagens.«[7] In den Vereinigten Staaten, wo der Hersteller ARC bereits 1927 ein industriell gefertigtes Autoradio auf den Markt gebracht und einen Flop erlebt hatte, feierte das mobile Hören erste Triumphe, als der Autokonzern General Motors 1936 einen Apparat präsentierte, der nicht wie ein wuchtiger Fremdkörper auf dem Bodenblech der Fahrgastzelle thronte, sondern als schickes Bedienelement in das Armaturenbrett integriert wurde. Was einstmals mondäner Luxus war, gehörte von nun an zum gehobenen Standard. Der Fahrgastraum wurde zum Klangraum. Und über allem spannte der Autohimmel sein schützendes Zelt.

Als ab Mitte der 1950er Jahre die kleineren und handlicheren Transistorgeräte die klobigen Röhrenempfänger im Auto ablösten, war der endgültige Durchbruch geschafft. Mit Beginn des folgenden Jahrzehnts fand sich bei fast der Hälfte aller in Deutschland ausgelieferten PKW ein Radio im Armaturenbrett. Das mobile Hören sorgte indes nicht nur in den rollenden Echokammern der Autorepublik für Furore, sondern auch im heimischen Betrieb. Das neue Wunderwerk trug den sprechenden Namen Kofferradio und bezeichnete ein tragba-

7   Rainer Suckow, *Eine Prise Funkgeschichte*, a. a. O., S. 59.

res Empfangsgerät, das nicht größer war als eine Packung Persil und über einen charakteristischen Henkel verfügte. Das Radio als portables Kleingepäckstück.

Transistortechnik und Teleskopantenne hatten das schwerfällige Empfangsgerät aus seiner immobilen Existenz befreit und das Hören zu einer Tätigkeit gemacht, die nicht mehr an einen festen Raum gebunden war. Man konnte das Kofferradio im Haus herumtragen, in der Wohnküche oder im Hobbykeller ein Wunschkonzert hören, im Garten über den Jägerzaun die Nachbarn mit Rock 'n' Roll zudröhnen oder im Schwimmbad eine Menschentraube um das Badetuch versammeln, wenn die Bundesliga übertragen wurde oder Camillo Felgen bei Radio Luxemburg die Highlights der neuen Hitparade präsentierte. Die Transistortechnik machte es sogar möglich, Empfangsgeräte herzustellen, die im Hosentaschenformat daherkamen. Die Kofferradios und Pocket-Geräte, die ab den späten 1950er Jahren den Markt eroberten, waren der letzte Schrei und nahmen die vordersten Plätze unter den Gadgets einer neuen Generation junger Radiokonsumenten ein. Man war mobil und wollte räumlich wie mental unabhängig sein. Wer jetzt seinen Apparat nicht unter den Arm nahm und unterwegs hörte, musste in die Röhre gucken.

Aber das Radio ist nicht nur mobil geworden, es ist auch ein Medium, das mobilisiert, und zwar nicht nur im Krieg, sondern auch zu Friedenszeiten.

»In der mobilisierenden Gesellschaft«, sagt der Philosoph Peter Sloterdijk, »wo es gilt, fünfzig oder hundert Millionen Menschen zu synchronisieren, sind Funkmedien die einzigen Instrumente, die schnell und diskret genug die informatische Massenregie leisten können. Sie zeigen an, welche blockierten Straßen zu meiden sind, sie sagen, welche Marke von weißem Rum das Leben verklärt, sie berichten, was der Innenminister auf einer Pressekonferenz zum Besten gab, und über weite Strecken senden sie die Musik, die der Entwarnung dient. Mit all diesen Botschaften stehen typische Radioprogramme im Dienst an einer doppelten Aufgabe: als informierende Medien leisten sie einen Beitrag zur Massensteuerung; als formierende Medien erzeugen sie semiosphärische Kohärenz in Großgesellschaften – man könnte auch sagen, sie schaffen das Tuning für nationalkulturelle Massenzivilisationen.«[8]

8 Peter Sloterdijk, *Vergesellschaftung durch das Ohr. Das soziale Band der Audiophonie*, SWR2 Essay 10.01.2011, 22:05 Uhr, Manuskript, S. 19.

Phonographotheken, Radio Pythagoras, Podcast

Zeiten des Hörens

Mit der technischen Entwicklung von Radio und Phonograph erfährt das Ohr als Zentralorgan der Wahrnehmung eine Aufwertung. »Das Auge führt den Menschen in die Welt, das Ohr führt die Welt in den Menschen ein«, hatte schon Lorenz Oken 1831 in seinem *Lehrbuch der Naturphilosophie* bemerkt.[1]

---

1 Lorenz Oken, *Lehrbuch der Naturphilosophie*, 2. umgearbeitete Auflage. Jena 1831, S. 374, zit. nach: Jochen Meißner, *Schallgestalten in bilderlosen Räumen Oder Wie Friedrich Knilli den Deutschen das Hörspiel aus dem Kopf schlug. Eine kleine Mediengeschichte des Hörspiels in 10 Missverständnissen*, Deutschlandradio Kultur, 07.08.2011, 18:30 Uhr.
Dass sich »Ohrenkünste« und »Augenkünste« auch im Hinblick auf den Zeitfaktor unterscheiden, betont der frühe Radiotheoretiker Rudolf Arnheim: »Ohrenkunst, wie Klangwahrnehmung überhaupt, ist immer nur innerhalb eines Zeitablaufs möglich. Für das Auge existiert in jedem Zeitaugenblick ein reiches in drei Raumdimensionen erstrecktes Bild. Daher gibt es auch zeitlose Augenkünste: Malerei und Plastik (neben zeithaften wie Theater, Film, Tanz). Hingegen ist die Vorstellung von einer zeitlosen akustischen Wahrnehmung sinnlos. Zum Charakter des Hörbaren gehört die Erstrecktheit in der Zeit, und daher haben alle Ohrenkünste (Musik, Rundfunk, Theater, Tonfilm usw.) Zeitcharakter.« Rudolf Arnheim, *Rundfunk als Hörkunst*. Mit einer neuen Einleitung des Verfassers, München 1979, S. 17 (die Schrift des Emigranten R. Arnheim erschien erstmals 1936 in englischer und erst 1979 in deutscher Sprache).

Was zunächst wie ein wohlklingender Aphorismus anmutet, erweist sich bei näherem Hinsehen als durchaus treffende Beobachtung, wonach der Sehsinn stärker darauf ausgerichtet ist, uns in der Außenwelt zu verorten, während der Hörsinn eher introvertiert angelegt ist und die Welt zu uns hereinholt. Das Auge fungiert als Organ der außengeleiteten visuellen Orientierung, das Ohr als Zugangsweg in einen inneren akustischen Wahrnehmungsraum. Dabei machen wir die Erfahrung, dass sich das Ohr mit seiner durchlässigen Membran, anders als das Auge, nicht schließen lässt. Die Augen offen zu halten, ist eine bewusste Tätigkeit, ein offenes Ohr zu haben, ein Zustand.[2]

Vielleicht schafft diese Erfahrung jene Art Urvertrauen, an die Alexander Kluge anknüpft, wenn er Radiohören »Vertrauensbildung über das Ohr« nennt. Der Hörer erlebt sich als Angesprochener, der Hörsinn macht ihn zum Ohrenzeugen. 360 verschiedene Signale könne das Ohr in der Sekunde wahrnehmen, rechnet Kluge vor, das Auge lediglich 16. Nur unsere Fußsohlen seien noch sensibler. Alexander Kluge, Jahrgang 1932, kennt das Radio aus der Zeit, als es noch in den Kinderschuhen steckte. Der Vater, Arzt in Halberstadt, hatte ein Gerät, mit

---

2 In einem Song der Gruppe *Rammstein* lädt das Radiohören zu einer synästhetischen Erfahrung ein: »Ich lass mich in den Äther saugen, meine Ohren werden Augen. Radio, mein Radio (...)«

dem er Radio Roma empfangen konnte. Aus dieser Zeit stammt auch die lebenslange Faszination des Sohnes für die Oper. Später haben ihm die amerikanischen GIs imponiert, die »im Nebenberuf« in der deutschen Besatzungszone für das Radio arbeiteten. Dieser Sound sei ihm ein Leben lang im Ohr geblieben.[3]

Warum es den akustischen Medien gelingen könnte, den visuellen Sinn in die Defensive zu drängen, zeigt ein Essay des französischen Schriftstellers Octave Uzanne mit dem Titel *Das Ende der Bücher* aus dem Jahre 1894. 17 Jahre nach der Patentanmeldung des Phonographen durch Thomas Alva Edison und sechs Jahre nach der Aufzeichnung eines der ältesten erhaltenen Tondokumente – Händels Oratorium *Israel in Ägypten* – proklamierte Uzanne die Ablösung der Bibliotheken durch »Phonographotheken« und die Abdankung der Bibliophilen zugunsten von »Phonographophilen«. Konkret bedeutet das Ende der Bücher bei Uzanne: Aus Schrift wird Stimme, und aus Lesern werden Hörer. Wie die Erfindung des Aufzugs das Treppensteigen überflüssig gemacht habe, werde die textbasierte Rezeption mittels der Augen von der akustischen Wahrnehmung über das Ohr verdrängt. Damit sei die Ära des Buchdrucks an ein Ende ge-

3 Vgl. https://magazin.dctp.tv/2016/03/04/kluges-radio-eine-sendereihe-in-swr2-essay-mit-alexander-kluge/, verifiziert am 26.06.2022.

kommen und das Zeitalter des »Phonographismus« angebrochen.[4]

Auch die technische Umsetzung seiner Zukunftsvision nimmt bei Uzanne konkrete Gestalt an. So sieht er in den Straßen der Metropolen öffentliche Stationen entstehen, an denen sich die Menschen mit »Hörschläuchen« in das akustische Universum begeben können. Ja, auch in Restaurants, auf Schiffen oder Bahnhöfen wird es *Phonographotheken* geben, wo auf Tonzylindern die »Stimmen der ganzen Welt« versammelt sind. Ob Börsenkurse oder Opernarien, ob Sportnachrichten oder literarische Lesungen, ob Wetterbericht oder politischer Kommentar – in den öffentlichen Hörpavillons wird der Anschluss an das Weltgeschehen Wirklichkeit. Dabei stellt die Stimme, die die Mitteilungen vorträgt, eine Art Lackmustest für die Authentizität der akustischen Botschaften dar. Um die Originalität jeder einzelnen Stimme sicherzustellen und Plagiate oder Missbrauch auszuschließen, müssen ihre Träger beim Patentamt eine akustische Probe hinterlegen, bevor ein Text eingesprochen wird.

Spätestens an dieser Stelle lassen die launigen Impressionen des Octave Uzanne, die zwar ursprünglich in Schriftform abgefasst wurden, aber seit 2021

---

4 Octave Uzanne, *Das Ende der Bücher* (ein Auszug aus *Geschichten für Bibliophile*, 1894), argon hörbuch, gelesen von Friedhelm Ptok, mit einem Nachwort von Jochen Hörisch, 2 CDs. Berlin 2021.

konsequenterweise auch als Hörbuch vorliegen, keine Zweifel, dass der Autor, der selbst Verleger und Herausgeber bibliophiler Schmuckausgaben war, uns mit seiner kleinen »Scherzrede« in ein nicht ganz ernst gemeintes Gedankenspiel verwickelt hat. Ungeachtet dessen zeugt sein utopischer Blick auf eine auditive Gesellschaft von erstaunlichem prognostischen Spürsinn. *Radio Uzanne* war bereits 1894 auf Sendung – 29 Jahre vor der offiziellen Einführung des Rundfunks in Deutschland. Uzanne hat einen phantastischen Hörkosmos entworfen, den man als Radio *avant la lettre* bezeichnen darf.

Der Medientheoretiker Jochen Hörisch geht in seinem Nachwort zur Hörbuch-Edition von Uzannes Ausblick noch einen Schritt weiter und sieht den wachen Zeit-, Augen- und Ohrenzeugen der »neuen Graphie-Medien – Photographie, Telegraphie, Phonographie, Kinematographie«, nicht nur als frühen Verkünder vom Ende der Gutenberg-Galaxis, sondern auch als Vordenker, der neben dem Radio den Walkman (»Hörschläuche«) antizipiert hat. In Uzannes Prophezeiung, so Hörisch, zeichne sich bereits bis ins Detail ab, dass im 20. Jahrhundert akustische und optische Medien »zu ständigen Begleitern der Menschen werden«.[5] Die Bücher haben, wie wir heute wissen, die Voraussage ihres Endes überlebt. Der Kommunikationstheoretiker

---

5 Ebd., CD 2.

Marshall McLuhan hat das schematische Verständnis, dass Medien einander ablösen, elegant gewendet: Sie werden zu Inhalten neuer Medien. Uzannes visionärer Text liefert dafür ein schönes Beispiel. In den Buchhandlungen liegen gedrucktes Buch und Tondokument einträchtig nebeneinander.

Über das Ohr gelangt die Stimme in den »Weltinnenraum« der Zuhörenden. Jede Stimme ist singulär und hinterlässt wie die Handschrift eine signifikante Spur. Für Kriminaltechniker oder Profiler, die die Stimmanalyse als Beweismittel heranziehen, gehört diese Erkenntnis zum Basiswissen. Im Radio wird die Stimme zum tragenden Element. Den Umstand, dass man die Träger der Stimmen nicht sieht, sondern sich ganz auf das verlassen muss, was man hört, kennzeichnete Rudolf Arnheim schon in den 1930er Jahren als »Lob der Blindheit«.[6] Er sah im Rundfunk nicht nur einen technischen Verbreitungskanal, sondern stellte die substantiellen Eigenschaften und Fähigkeiten eines Ausdrucksmittels, das Geräusche und Töne ohne Bilder produziert, in den Mittelpunkt seiner medienästhetischen Betrachtungen. Dazu gehört besonders die Stimme, in deren Unverwechselbarkeit Arnheim

---

6   Rudolf Arnheim, a. a. O., S. 81 ff. Arnheim beschreibt anhand von Beispielen vornehmlich aus dem Hörspielbereich, »daß durch den Wegfall des Sichtbaren gewisse dramatische Szenen straffer und sparsamer komponiert, mehr auf das Wesentliche konzentriert und in ihrer Symbolkraft verstärkt erscheinen.« (S. 102)

so etwas wie den »irdischen Steckbrief des Menschen« erkannte.[7] Dass der Klang der Stimmen und Geräusche im Radio eine nicht weniger entscheidende Rolle spielt als die semantische Spur, betonen auch die Autorinnen und Regisseurinnen Gaby Hartel und Marie-Luise Goerke: »Bei der akustischen Erfahrung spielt der künstlerische Einsatz von Stimme, Sprache, Rede, Bewegung, Sound, Geräusch und Musik eine entscheidende Rolle (...) Mit dem Klang lässt sich vieles sehr unmittelbar aufspüren, erzählen und abbilden.«[8]

Die Stimme ist mithin nicht bloß ein Verlautbarungsorgan oder Transportmittel von akustischen Informationen, sondern ebenso rhetorisches Instrument, Träger von Ausdruck, Stil und Aura. Die reale Gegenwart einer Stimme bezieht die Zuhörenden unmittelbar ein. Sie hat eine spezifische Signatur und beglaubigt den gesprochenen Text, wie eine Unterschrift den geschriebenen Text besiegelt. So ist die Stimme gerade in unserer multimedialen Überforderungsepoche ein wichtiges Distinktionsmerkmal. Man spricht vom »Gewicht« einer Stimme. Im Radio kann man es messen.[9] Darüber

---

7 Zit. nach Gaby Hartel / Marie Luise Goerke, *Choreographie des Klangs – Zwischen Abstraktion und Erzählung*. Göttingen 2015, S. 12.

8 Vgl. www.cosound.de/kuratorinnen, verifiziert am 30.06.2022.

9 Vgl. Stephan Krass, *Die Spur der Buchstaben. Alphabet, Blaupause, Code*. Göttingen 2021, S. 97 ff. Was das »Gewicht« der Stimme betrifft, so machen beängstigende Meldungen die Runde: Wenn künstliche Intelligenz mit Aufnahmen einer Sprecherin oder

hinaus ist die Radiostimme eine Art Geheimnisträger. Sie zeigt uns den Absender nicht. So mag sich der Adressat fragen: Welcher Körper, welche Physiognomie gehört wohl zu dieser Stimme? Dieser Vorgang hält im Zeitalter einer allumfassenden Visualisierung einen raren Moment bereit. Und dennoch bleibt es so, dass alle Evidenz allein aus dem bezogen werden muss, was an das Ohr dringt.

Da hören wir sie wieder, die Stimme von Pythagoras, der hinter einem Vorhang sprach, damit seine Gefolgschaft, durch keine visuellen Reize abgelenkt, allein den Worten des Philosophen lauschen konnte. Radio Pythagoras war ein reiner Zielgruppensender, der Programm für die Gemeinde der Akusmatiker machte. Ist es ein Zufall, dass dieses Motiv, diese Form der Ansprache zweieinhalbtausend Jahre später als Titel in Gottfried Benns 1952 entstandenem Hörspiel *Die Stimme hinter dem Vorhang* wieder auftaucht?[10] Das Benn Radio nimmt jedenfalls mit keinem Wort auf Radio Pythagoras Bezug, sondern postiert hinter dem Vorhang ein eigenes »höheres Wesen«, das im Dialog mit seinen Nachkommen den unbarmherzig abgeklärten Blick des Autors auf den Zustand der Welt in der Mitte des 20. Jahrhunderts offenlegt. Eine verbindliche

---

eines Sprechers gefüttert wird, können Stimmklang, Sprachmelodie und Betonung fast perfekt reproduziert werden. Nur mit der Atmung klappt es offenbar noch nicht ganz.

10   Gottfried Benn, *Die Stimme hinter dem Vorhang*, in: *Sämtliche Werke, Bd. VII/1, Szenen und andere Schriften*, a. a. O., S. 130 ff.

Moral, einen verpflichtenden Wertekanon oder gar Sicherheit gibt es nicht mehr. *Melancholie und Neonlicht* lautet die Kapitelüberschrift des dritten Teils.

In einem Brief an seine Tochter Nele schreibt der Autor Benn: »Ich habe etwas Neues, Schreckliches veröffentlicht über Liebe & Kalt, zynisch, aber gut: Die Stimme hinter dem Vorhang.«[11] Das Hörspiel wurde 1952 vom Bayerischen Rundfunk, 1955 vom Südwestfunk und 1981 vom Schweizer Radio DRS inszeniert. Seitdem ist es still geworden um das Stück. »Archivschätze« nennt man solche Produktionen heute gern. Die Stimme hinter dem Vorhang ist indessen nicht verstummt. Radio Pythagoras sendet noch. Auch die Gemeinde der Akusmatiker ist noch aktiv. Nur die Frequenzen haben sich geändert.

Hatte Uzannes Schrift vom *Ende der Bücher* mit der finalen Phase des Buchdrucks das aufdämmernde Zeitalter des Hörens prognostiziert, stößt diese Ära mit dem Aufstieg der Podcasts in eine neue Dimension vor. Podcasts stellen längst kein Nischenphänomen mehr dar, sondern sind für die Hörgewohnheiten der jüngeren Generation ähnlich prägend geworden wie *Spotify* oder andere soziale Medien, die auf akustischer Verbreitung beruhen. Enthusiasten der neuen Audio-Ära lassen sich gar

---

11 https://www.hoerspieltipps.net/hsp/16075.html, verifiziert am 26.06.2022.

zu der Vermutung hinreißen, dass das Gutenberg-Zeitalter zwar eine wichtige weltgeschichtliche Epoche gewesen sei, jetzt aber der *oral turn* vollzogen werde, der dort wieder anknüpft, wo alles begonnen hat, nämlich bei der mündlichen Kommunikation.[12] Über 40.000 deutschsprachige Podcasts hat das Deutschlandradio Kultur 2021 gezählt. Zehn Millionen Hörerinnen und Hörer schalten regelmäßig ein. Die Zahl derer, die täglich einen Podcast frequentieren, liegt bei 1,7 Millionen. Die Nutzung nichtlinearer Audio-Medien kam 2021 bei den unter 30-Jährigen auf 59 %, bei allen anderen Altersgruppen überwog der Anteil des linearen Radios.[13] Noch, sollte man wohl ergänzen. Der Trend zu nichtlinearen Hörvorlieben ist unübersehbar geworden. Frage an Radio Eriwan: Hat der lineare Rundfunk eine Chance gegen den Podcast? Antwort: Im Prinzip ja. Aber die Podcasts haben den Rundfunk doch längst erobert.

Was also macht dieses Format so unwiderstehlich? Die nächstliegende Antwort ist schnell zur Hand. Wer Podcasts hört, steuert sein Medienverhalten selbst und kann unabhängig von angestammten Programmplätzen und jenseits von festen

12 Vgl. Claudia Mäder, *Willkommen im Plauderstübchen. Podcast hier, Clubhouse dort: Die Welt werde immer mündlicher, heißt es heute gern. Eine schriftliche Widerrede*, in: Neue Zürcher Zeitung, 27.02.2021.

13 Vgl. https://www.ard-zdf-onlinestudie.de/files/2021/Mai_Reichow.pdf, verifiziert am 26.06.2022.

Sendezeiten sein eigenes Hörpensum zusammenstellen. Ob Information oder Unterhaltung, ob Interview oder Debatte, ob Rezitation oder Reportage, ob Konzert oder Hörspiel, ob Talk oder Talmi, ob zum Wachwerden oder zum Einschlafen, ob im Badezimmer oder beim Autofahren, ob beim Bügeln oder beim Joggen: Podcasts sind allgegenwärtig. Die Stadtbibliothek in Husum betreibt einen, das Bistum Erfurt betreibt einen, die Vielfahrer der Deutschen Bahn betreiben einen, und die spirituellen Hundetrainer betreiben einen. Dazu kommen die großen und kleinen Medienhäuser, die öffentlich-rechtlichen und privaten Rundfunk- und Fernsehanstalten, zahlreiche Ämter, Ministerien und Behörden sowie ein Heer von Influencern und mehr oder weniger berufenen Privatpersonen. Ein Podcast gehört für jedes Haus zum guten Ton in einer ausdifferenzierten Medienöffentlichkeit. Wer jetzt keinen Podcast hostet oder hört, ist allein und »wird es lange bleiben / wird wachen, lesen, lange Briefe schreiben / und wird in den Alleen hin und her / unruhig wandern«, wenn die anderen Parlando treiben.[14]

---

14 Voraussehbar war der enorme Erfolg des Podcasts nicht. Dessen Karriere hat auch die Medienwissenschaft überrascht. Alexandra Borchardt hält fest: »Tatsächlich wurde nicht Multi-Media zum heißesten Trend der vergangenen Jahre. Diese Feuerwerke aus Wörtern, Bildern und Tönen, die der eigenen Vorstellungskraft kaum Raum geben, lassen viele Nutzer kalt. Nein, der neue Renner ist der Podcast.« Vgl. https://dokublog.de/a/warum-das-horen-eine-grosse-zukunft-hat-2, verifiziert am 30.06.2022.

Rilke wusste, was in Zeiten des Alleinseins und der Unruhe auf seinen Wanderer wartet. Aber wer streift heute noch ziellos durch Alleen, schreibt lange Briefe und bleibt geduldig, wenn nicht gleich die Antwort eintrifft? Wer in unseren Tagen einsam ist, sucht Trost bei den sozialen Medien. »Es ist nicht übertrieben, bei Hörbüchern und Podcasts von einer kleinen Medienrevolution zu sprechen«, beschreibt der Literaturkritiker Paul Ingendaay die aktuelle Lage und vermutet, dass »die Individualisierung der Lebensstile und vielleicht ja auch ein gewisser Solipsismus einer vereinsamenden Gesellschaft« ihren Teil dazu beitragen, wenn sich heute viele »einem Hörbuch oder Podcast überlassen«.[15] Gegen die Vereinsamung setzen die sozialen Medien auf Nähe, auf Unmittelbarkeit und Spontaneität. Podcasts pflegen den Gestus der persönlichen Ansprache und holen die Hörerinnen und Hörer mitten in das Geschehen hinein, meistens über Ohrstöpsel, ohne die lästige Welt dazwischen. Im Podcast werden die Hörenden ganz Ohr.

»Podcast bedeutet, dabei zu sein«,[16] heißt auf eine kurze Formel gebracht das Rezept einer Erfolgsgeschichte, die dem Hören in einer Zeit, die

15 Paul Ingendaay, *Jeder hört für sich allein. Aber daraus wird ein Massenphänomen: Hörbücher und Podcasts erobern die Aufmerksamkeit des lesenden Publikums*, in: Frankfurter Allgemeine Zeitung 27.07.2021.

16 Joana Nietfeld, *Zum Tag des Hörens: Das steckt hinter dem Phänomen Podcast*, Tagesspiegel online 03.03.2021.

noch mit der Aufarbeitung des *iconic turn* beschäftigt ist, eine neue Konjunktur beschert hat. Hören schafft mehr Freiräume für die Phantasie, die der Ohrenmensch mit eigenen Bildern anreichern muss, lautet eine geläufige Maxime von alten und neuen Hör-Enthusiasten. Eine Studie des University College London im Auftrag des kommerziellen Hörbuch-Anbieters Audible scheint ihnen recht zu geben. Paul Ingendaay fasst das Ergebnis zusammen: »Wer eine Geschichte nicht über Film oder Fernsehen, sondern via Hörbuch oder Podcast aufnimmt, empfindet nachweislich eine stärkere emotionale Beteiligung am Erzählten. Die Erregung hat direkte körperliche Folgen, nämlich eine höhere Herzfrequenz und eine um 1,6 Grad gestiegene Hauttemperatur. Will man das? Aber natürlich will man das!«[17] Ob die Ohren-, die Haut- oder die allgemeine Betriebstemperatur beim Verlesen des Wetterberichts oder beim Vernehmen von erotischer Literatur steigt, bleibt hier außen vor. In jedem Fall aber notieren wir, dass das Hören eine starke innere Beteiligung auslöst.

Die für alle Lebenslagen ausgerichteten und meist in Serienform produzierten Podcasts fügen sich so perfekt in die Signatur unserer Zeit, befindet der Literaturwissenschaftler Manfred Schneider, weil die »in Einzelmomente und Zufälle zerstreute Welt« auch jenseits unserer Hörgewohnheiten »keine ge-

---

17   Paul Ingendaay, a. a. O.

schlossene Geschichte mehr bildet«. Kein Wunder also, dass wir »Serienhelden« geworden sind. Früher sei die Zeit den Menschen »wie ein ewiger Kreislauf« vorgekommen oder wie ein »sinnerfülltes Voranschreiten zum Ende«, heute habe sich »mit der neuen Taktung unseres Lebens durch Serien und Serienabhängigkeit in uns mehr oder weniger bewusst die Vorstellung gebildet, dass die Welt überhaupt aus Serien von Daten und Ereignisketten besteht«.[18] So entspricht die Podcast-Dramaturgie einer Daseinserfahrung, die ihren Ursprung in einer generellen Fragmentarisierung hat. Wo Sein und Sinn ihren Zusammenhang verloren haben, wo die Zeit parzelliert wahrgenommen wird, und das Ganze weniger ist als die Summe seiner Teile, trifft der Episodencharakter der Podcasts auf ein prädisponiertes Lebensgefühl.

Vermittelt die Wahrnehmung über das Ohr auch eine höhere Glaubwürdigkeit als die Bildmedien? Ist Mündlichkeit authentischer? Podcasts beziehen jedenfalls ihren ausgeprägten Live-Charakter aus dem Umstand, dass sie den Prozess ihrer Entstehung nicht verbergen oder in der Postproduktion ein glattgebügeltes, stromlinienförmiges Medienerzeugnis hervorbringen. Da bleibt schon mal ein

---

18 Manfred Schneider, *Wir Serienmenschen. Unsere in Einzelmomente und Zufälle zerstreute Welt bildet keine geschlossene Geschichte mehr, darum nehmen wir sie gerne in Häppchen zu uns*, in: Neue Zürcher Zeitung 11.12.2021.

Äh stehen, da verschwindet eine Pause nicht gleich in Dr. Murkes Keksdose, da dürfen die Beteiligten zwei, drei Anläufe nehmen, um mit ihren Formulierungen auf die Höhe des Gedankens zu kommen. Kleists Parole von der »allmählichen Verfertigung der Gedanken beim Reden« wird beim Podcast zum Prinzip.

»Ich glaube, daß mancher große Redner, in dem Augenblick, da er den Mund aufmachte, noch nicht wußte, was er sagen würde. Aber die Überzeugung, daß er die ihm nötige Gedankenfülle schon aus den Umständen und der daraus resultierenden Erregung seines Gemüts schöpfen würde, machte ihn dreist genug, den Anfang, auf gutes Glück hin, zu setzen.«[19]

Was bei Kleist ein rhetorischer Kniff war und ein wortgewandtes Improvisationstalent voraussetzte, soll nicht jede Form von akuter Artikulationsnot, inflationärem Gerede oder allfälligem Geschwätz legitimieren. Denn davon gibt es auch im Podcast genug. Festzuhalten bleibt, dass chirurgische Eingriffe am Mischpult der Rede nachträglich eine anämische Perfektion verpassen, die bei aller Professionalität wenig authentisch und noch weniger glaubwürdig wirkt. Der Podcast bezieht sein spezifisches Momentum aus der Unmittelbarkeit und der

---

19 Heinrich von Kleist, *Über die allmähliche Verfertigung der Gedanken beim Reden*, in: *Werke in einem Band*, Hg. Helmut Sembdner. München 1966, S. 811.

Spontaneität der Teilnehmerinnen und Teilnehmer sowie dem weitgehenden Verzicht auf kosmetische Korrekturen. Auch beim Hören hat sich durchgesetzt, was die Verfechter der europäischen Gurken-Verordnung bitter lernen mussten: dass nämlich eine leicht runzlige und nicht standardmäßig gekrümmte Freilandgurke eher den Weg auf den Tisch findet als ein nach EU-Normen vorschriftsmäßig gebogenes Güteklassen-Elaborat, das in einem nach geltendem Bauordnungsrecht errichteten Gewächshaus aufgezogen wurde.

Ob Gemüse oder Geräusch, ob Steinobst oder Stimme, ob Terrine oder Ton – Konserven haben ausgedient. Wer Podcast hört, will kein steriles Endprodukt, sondern an der Entstehung, am Prozess beteiligt sein. Auch auf die Gefahr, dass es sich nur so anhört, sollen Ergebnisoffenheit und Unmittelbarkeit auf jeden Fall suggeriert werden. Diesem Grundimpuls entspricht auch der performative Gestus der Rede. Sie ist frei, ungezwungen und entspannt. Die Podcast-Gemeinde wird eingeladen, den Gedanken der Moderatoren und Gäste beim Arbeiten zuzuhören. Was den Glaubwürdigkeitsfaktor angeht, kommt den akustischen Medien zudem zugute, dass sie generell weniger anfällig sind für Fakes oder nachträgliche manipulative Eingriffe als die Bildmedien, die mehr Technik erfordern, mehr Vor-Ort-Settings und mehr Postproduktion. Was die Live-Anmutung und den Flow der Worte angeht, sind die akustischen Medien eindeutig im Vorteil.

Diese schöne neue Hörwelt hat freilich ihren Preis. »Nichts ist fixiert, alles ist fluide, anders als bei den vermaledeiten gedruckten Buchstaben; vieles bleibt vorläufig, man kann sich schnell in einem Nachsatz korrigieren (...) und wenn es nicht aufgeht, fängt man einfach neu an anderer Stelle an (...)«[20], resümiert Alexander Cammann den Duktus der Podcast-Rhetorik, und er fährt fort: »Umso trauriger, dass, um nur ein besonders auffälliges Beispiel zu wählen, die legendären Radiovorträge Adornos aus den 1950er und 1960er Jahren im heutigen öffentlich-rechtlichen Rundfunk keine Chance hätten, weil hier der Sound noch buchstabengläubig an die Schriftkultur gekoppelt war: stoisch abgelesene, statisch fein gefügte, eherne Satzkaskaden, denen man genau deswegen hypnotisiert lauschte.«[21] Ähnliches kann man auch für Gottfried Benns Radioauftritte konstatieren. Der Dichter ging nie ohne ausformuliertes Manuskript in ein Aufnahmestudio. Radio Adorno sendet hier nicht mehr, und mit ihm sind viele andere Stimmen stumm geworden. Was aber wird aus den »ehernen Satzkaskaden«? Die erklingen weniger »fein gefügt«, vorzugsweise in freier Rede – und manchmal auch in freiem Fall.

---

20 Alexander Cammann, *Clubhouse: Die neue Macht der Stimme. Ob Podcast, Sprachnachricht oder Clubhouse App: Überall lässt sich der Siegeszug der neuen Mündlichkeit beobachten.* DIE ZEIT Nr. 6/2021, 04.02.2021.
21 Vgl. Fußnote 6, S. 146.

Langsam wird es Zeit, die öffentlich-rechtlichen Anstalten daran zu erinnern, dass sie auf gewaltigen Archivschätzen sitzen und die Mediatheken das richtige Forum wären, diese endlich zu heben.

Kommen wir zurück zu Radio Eriwan und der Frage, wie sich das klassische Radio angesichts der nichtlinearen Formate, von denen der Podcast die prominenteste Herausforderung darstellt, positionieren soll. »Würden die Öffentlich-rechtlichen die Podcaster schlucken«, prognostiziert der Medienwissenschaftler Golo Föllmer, »wäre sofort deren wesentlicher Vorteil, die Offenheit, verloren. Die Zielstellung muss deswegen strukturell eine andere sein. Es liefe vielleicht darauf hinaus, dass öffentlich-rechtliche Sender auf Augenhöhe mit der freien Podcaster-Szene oder anderen Kreativpools kooperieren würden, gegen eine Kirsche aus der Gebührentorte, versteht sich. Solche Öffnungsszenarien zu entwickeln, ergebnisoffen und mutig, erscheint mir unumgänglich, will das Radio nicht geriatrisch werden.«[22]

Die Alternative, geriatrisch auszutrocknen oder eine Kirsche von der Gebührentorte zu opfern, stellt aus Sicht der ARD-Anstalten eine falsche Sichtweise dar. In Zeiten, wo um Gebührenerhö-

---

22   Golo Föllmer, *Lineares Radio und Podcast*: https://dokublog. de/a/mehrspur-radio-reflektiert-73 (Die Sendereihe Mehrspur auf SWR2 wurde im Oktober 2021 eingestellt).

hungen gestritten wird, ist der Belag der Torte nicht verhandelbar, selbst wenn es sich nur um eine Deko- oder Alibikirsche handelt. Gegen die zweifellos vorhandenen geriatrischen Anwandlungen hat die ARD mittlerweile das Jugendformat *funk* gestartet. Da soll es jetzt also rundgehen. Über neue Ausspielwege wie *Instagram*, *TikTok* oder *Snapchat* können die »Macher« gleich ablesen, wie ihre Beiträge ankommen, worüber die »User« diskutieren und wann diese aussteigen. Spätestens dann müssen die »Macher« das Angebot ihres *Online Content Netzwerks für Jugendliche und junge Erwachsene von 14–29 Jahren* entsprechend »optimieren«. Man kann die Möglichkeit eines User-Feedbacks durch die sozialen Medien begrüßen, man kann dieser Programm-Logik der personalisierten Inhalte aber auch unterstellen, dass am Ende jeder nur das bekommt, was er geordert hat. Und ob das immer ein »optimiertes« Ergebnis ist, selbst wenn es dem öffentlich-rechtlichen Programmauftrag entspricht, sei dahingestellt. Ganz abgesehen davon, dass es oftmals bereichernd ist, etwas zu finden oder angeboten zu bekommen, was man gar nicht gesucht oder erwartet hat.

Anläufe, die Hörerinnen und Hörer in die Kommunikation mit dem Sender einzubeziehen und das Radio nicht in der Einbahnstraße eines reinen Distributionsapparats zu belassen, hat es seit Brechts Radiotheorie, die in mehreren Aufsätzen zwischen 1927 und 1932 niedergelegt wurde, immer wieder gegeben. Dabei sind künstlerische Formen wie das Hörspiel in einer privilegierten Position gegenüber auf Aktualität abonnierten journalistischen Sendungen, die das Hörer-Feedback zwar reaktiv, aber selten kreativ in ihren Formaten umsetzen können. Lange bevor der Begriff einer interaktiven Hörerbeteiligung existierte, lancierte die Hörspielabteilung des Südwestfunks zu Beginn der experimentierfreudigen 1970er Jahre unter dem Titel *Mitspiel* eine Projektreihe, die Neuland betrat. In den Protokollen der Programmsitzungen klingt das so: »Die vorgeschlagenen Modelle sollen den Hörer nicht nur hören, sondern auch sprechen lassen; sie sollen ihm nicht nur Wünsche suggerieren, sondern ihn am Zustandekommen des Programms beteiligen.«

Neben einem »Mitspiel-Krimi«, bei dem die Hörer aufgefordert wurden, ab einem bestimmten Zeitpunkt den Handlungsfaden selbst weiterzuspinnen, mit dem Tonbandgerät eigene Szenen aufzunehmen und einzuschicken, oder dem »Situationenspiel« *Heiner Rißmann fährt in Urlaub*, in dem die Hörer per Telefonanruf die Route der Ferienreise beeinflussen konnten, wurde das Projekt *Soundtrack* entworfen. Dabei stellte die Redaktion ein Geräuschband von »leicht identifizierbaren Abläufen« (Eisenbahnfahrt, Polizeieinsatz, Demonstration, Flugplatz) her und forderte die Hörerinnen und Hörer auf, »möglichst synchron zum Soundtrack (...) Gespräche in Dialogform« zu entwickeln, die dann später im Studio mit dem Sound-

track zu einem Hörspiel verwoben werden sollten.
Alle Projekte gehorchten der Maxime: »Beim Hör-
Mitspiel wird das Medium seiner Allwissenheit ent-
bunden und zum Spielplatz, zum Medium der Hörer und nicht der Redakteure und Autoren.«

Ungeachtet aller Experimentierfreude mussten
die Initiatoren die Erfahrung machen, dass nach
Jahrzehnten der »Allwissenheit« des Mediums die
Aufforderung mitzuspielen und die Einladung zu
intervenieren beim Radiopublikum auf wenig Resonanz stießen. Die Zeichen standen auf Konsum und
nicht auf Beteiligung. So kommt der Rundfunkhistoriker Wolfram Wessels zu einer eher ernüchtern-
den Einschätzung: »Die meisten ›Modelle‹ blieben
im Projekt-Stadium stecken. Das lag sicher nicht
nur an der übergeordneten Programmpolitik, sondern auch an der theoretischen Überfrachtung der
Konzepte, die zu offensichtlich an Brecht, Benjamin und diversen soziologischen Entwürfen – vor
allem der Rollentheorie – orientiert waren.«[23] So
blieben die Redakteurinnen und Redakteure, die
im Zuge der Umbrüche von 1967/68 und im Kontext der marxistischen Kulturtheorie auch Brechts
Schriften zum Radio sowie die Rundfunkarbeiten
von Walter Benjamin wiederentdeckt hatten, mit

23   Wolfram Wessels, »*Das Hörspiel bringt…*« *Eine Geschichte
des Hörspiels im Südwestfunk*, Veröffentlichungen zum Forschungsschwerpunkt Massenmedien und Kommunikation an der Universität-Gesamthochschule Siegen, MuK 69. Siegen 1991, S. 23.

ihren Vorstößen, nun endlich der Hörerbeteiligung zu ihrem Recht zu verhelfen, weitgehend unter sich.

Walter Benjamin kam 1927 zum Radio und hat dort in fünf Jahren eine ganze Reihe sogenannter Hörmodelle entwickelt, die den Hörerinnen und Hörern alltagstaugliche Handlungsmuster an die Hand geben wollten, um in konkreten Konfliktsituationen am Arbeitsplatz oder in der Kindererziehung erfolgreich zu bestehen. Bei vielen dieser Sendungen saß Benjamin selbst am Mikrofon. Leider ist kein einziges Tondokument seiner »Hörmodelle« erhalten geblieben. Der dem Kreis der *Stuttgarter Schule* um Max Bense angehörende Medienwissenschaftler und Künstler Reinhard Döhl zählt insgesamt rund einhundert Sendungen Benjamins, die durch das gemeinsame Ziel gekennzeichnet waren, »den Hörer durch ihn fesselnde Sendungen vom gedankenlosen Konsum des Unterhaltungsfunks abzulenken und ihn zu einem vernünftigen Gebrauch des Rundfunks als eines volkstümlichen neuen Kommunikationsinstruments anzuhalten«.[24] Benjamins Radioarbeit war, wie Reinhard Döhl festhält, von entscheidender Bedeutung für zwei seiner einflussreichsten theoretischen Essays, nämlich *Der Autor als Produzent* sowie *Das Kunstwerk im Zeitalter seiner*

---

24 Vgl. http://www.stuttgarter-schule.de/benjamin.htm, verifiziert am 26.06.2022. Döhls Text folgt einem Vortrag, den er am 25.10.1987 vor japanischen Germanisten gehalten hat.

technischen Reproduzierbarkeit, die beide auf dem Er-
fahrungshintergrund seiner Radioarbeit »gelesen«
werden können, »keinesfalls aber ausschließlich im-
manent (...) gedeutet werden dürfen.«[25]

Zu den prominentesten Radioarbeiten Benjamins
gehört das Kinderhörspiel *Radau um Kasperl*, das
am 10. März 1932 vom Südwestdeutschen Rundfunk
in Frankfurt ausgestrahlt wurde und als Text voll-
ständig, als Tondokument immerhin in Rudimen-
ten erhalten ist. Die Radauszenen, in die Kasperl
verwickelt wird, waren als Ratespiel angelegt, bei
dem die Kinder am heimischen Radioempfänger
dazu animiert wurden, an der Lösung mitzuarbei-
ten und die Resultate einzuschicken. Der Spiel-
charakter des Stücks, bei dem Benjamin selbst als
Produktionsleiter fungierte, war indes kein Selbst-
zweck, sondern folgte, wie Döhl betont, durchaus
einer pädagogischen Zielsetzung: »Unterhaltung
nämlich in Verbindung gebracht zu einem kritisch-
alltagspraktischen und von hier aus politischen Be-
wußtsein.«[26]

Auch von Benjamins improvisiertem *Funkspiel*,
das am 3. Januar 1932 im Frankfurter Sender stattfand und die Studiogäste sowie die Hörerinnen und
Hörer in ein Jonglieren mit Wörtern und Buchstaben verwickelte, hat sich kein Tondokument
erhalten, doch können wir uns aufgrund der An-

---

25 Ebd.
26 Ebd.

kündigung ein recht konkretes Bild machen. In der Südwestdeutschen Rundfunk-Zeitung hieß es: »Eine Art von literarischem Gesellschaftsspiel vergangener und musischerer Zeiten und gleichzeitig fein verborgen, ein nicht unnützes psychologisches und pädagogisches Experiment bringt am Sonntagabend eine Veranstaltung, die unter dem Titel *Funkspiele* von Dr. Walter Benjamin geleitet wird. Einem Kind, einer Frau, einem Dichter, einem Journalisten, einem Kaufmann als Menschentypen, die beliebig erweitert und ersetzt werden könnten, werden eine Reihe von unzusammenhängenden Stichworten vor einem Mikrophon vorgetragen. Sie haben zugleich mit dem Veranstalter die Aufgabe zu lösen, diese Wörter in eine kurze, zusammenhängend geformte Geschichte zu übersetzen.«[27] Benjamins literarische Stegreifsendung folgte wie auch seine anderen Arbeiten für den Rundfunk dem Impuls, das Publikum auf einer spielerischen Schiene in den Prozess einzubeziehen und quasi über ein Nebengleis den pädagogischen oder didaktischen Mehrwert mitzutransportieren. Diese Feedback-Aktionen, die er konsequent in seine Sendungen einbaute, folgten der Erkenntnis, das Radio, wenn man es schon nicht zu einem gleichberechtigten Kommunikationsapparat entwickeln kann, wenigstens als dialogisches Medium einzusetzen.

---

27 Zit. nach Döhl, a. a. O.

Dieses Ungleichgewicht in der Grundkonstruktion des Radios ist seitdem immer wieder bearbeitet worden. Naturgemäß verfügen dabei die künstlerischen Sendeformen, die die Möglichkeiten des akustischen Mediums spielerisch ausloten, über größere Gestaltungsräume. Dieser Raum ist durch die Digitalisierung und den damit einhergehenden mobilen Einsatz des technischen Equipments immer offener geworden, so dass zunehmend auch Aktionsfelder außerhalb von Radiostudios als Bühne in den Fokus rücken konnten. Gerade im Kontext des Hörspiels sind diese Räume durch Künstlergruppen wie *Ligna*, *Rimini Protokoll* oder den Autor und Regisseur Paul Plamper neu vermessen worden.

Im Jahre 2010 realisierte die Medienkunstgruppe *Ligna* mit dem mobilen Hörspiel *Verwisch die Spuren. Flanieren in Berlin* ein Projekt, bei dem die Teilnehmer zwischen dem Alexanderplatz und jenem Areal, auf dem später das neue Stadtschloss errichtet wurde, 32 virtuelle Hörinseln ansteuern und dabei mit Hilfe einer Radio-Ortungs-App von Standort zu Standort wechselnde Texte, Originaltöne oder Hörspielfragmente prominenter Stadt-Flaneure wie Siegfried Kracauer, Franz Hessel oder Walter Benjamin über Handy-Kopfhörer verfolgen konnten. Diese Hörminiaturen, »die ihnen Geschichten von der Stadt erzählen, Vorschläge für Handlungen unterbreiten und fragen, ob die Zeit der Flanerie wirklich an ihr Ende gekommen ist«, warfen zudem die medienkritische Frage auf, ob sich die eigenen Spuren noch verwischen lassen, »wenn Handys nicht nur den Ort des Aufenthalts mitteilen, sondern stetig mit der Umgebung kommunizieren und zahlreiche Spuren hinterlassen?«[28] Mit ihrem mobilen Hörspiel eröffnete die Gruppe *Ligna* die Reihe *RadioOrtung – Hörspiele für Selbstläufer*, die das Deutschlandradio Kultur ins Leben gerufen hatte.

Die »Selbstläufer« konnten anhand der Ortungs-App auf dem Handy eigenständig durch den Textparcours navigieren. Bei solchen Konzepten geht es nicht darum, Bewegung im Menschen zu erzeugen, wie es das traditionelle Hörspiel noch postuliert hat, sondern im Wortsinn um die Frage, wie man Menschen in Bewegung setzen kann. Wo die innere Bühne war, ist ein externer Interventionsraum geworden. Diesem Ansatz folgt auch Paul Plamper, der nicht erst mit seiner Hör-Installation *Der Absprung* (2018) auf öffentliche Plätze gegangen ist und damit die Entdeckung von neuen Aktionsräumen vorangetrieben hat. »Die akustische Umgebung ist immer ein Mitspieler«, sagt Plamper, der seine Schauspielerinnen und Schauspieler ohne ein fertiges Drehbuch agieren lässt und mit der Improvisation vor Ort noch ein weiteres zentrales Moment seiner Hörspielarbeit benennt: »Man hört sofort, ob wirklich interagiert wird oder eben dieser routi-

28 http://ligna.blogspot.com/2010/08/ligna-verwisch-die-spuren-flanieren-in.html, verifiziert am 26.06.2022.

nierte Sprechton stattfindet, der eigentlich nur im Radio zu hören ist.«[29]

In seinem Stück *Der Absprung*, das vom WDR produziert und an zahlreichen öffentlichen Orten aufgeführt wurde, erlebt das Publikum, das inmitten einer Installation von kreisförmig aufgestellten Lautsprecher-Terminals sitzt und das Geschehen verfolgt, aus unmittelbarer physischer Nähe die zerrissene Stimmungslage einer Kleinstadt, in der im Zuge der Flüchtlingskrise von 2015 ein rechter Demagoge zum Boykott des Theaters aufruft, weil dort ein schwarzer Schauspieler aus Kamerun eine Hauptrolle zugesprochen bekam. Am Ende des Stücks sind das Publikum und die zufällig dazu gestoßenen Passanten dermaßen in die Spielhandlung involviert, dass sich die Diskussion mit all ihren zugespitzten Streit- und Zeitfragen nun im Kreis der Zuhörerinnen und Zuhörer fortsetzt.

Radio gegen das Radio machen, so lautet die neue Variante des alten Radio-Paradoxons. Die Stimmen sind nicht mehr körperlos, aber sie müssen, damit sie gehört werden, in einer veränderten Spielanordnung zum Sprechen gebracht werden. Dieses Konzept verfolgt auch das im Jahre 2000 gegründete Autoren-Regie-Team *Rimini-Protokoll*. Für ihre

---

29 »*Wir verorten uns durchs Hören.*« *Paul Plamper im Gespräch mit Thomas Irmer über die Dimensionen des öffentlichen Raums in seinen Hörspielarbeiten,* in: Journal der Künste 13, a. a. O., S. 43.

Theater- und Hörspielarbeiten entwirft die Gruppe jeweils ein projektspezifisches Szenario und macht sich für die Umsetzung auf die Suche nach sogenannten Experten des Alltags, die in ihrem Laienstatus die Rollenerwartungen, die das Team an die Produktion stellt, besser erfüllen können als professionelle Schauspielerinnen oder Schauspieler.

In ihrem Originalton-Hörspiel *Karl Marx: Das Kapital, Erster Band* (2007) hat die Gruppe um Helgard Haug und Daniel Wetzel dieses Konzept prototypisch umgesetzt. Die Idee, sich diesem über weite Strecken zähen Theoriewerk zu nähern, sollte nicht darin aufgehen, einem Klassiker, an dem sich Generationen von Interpreten die Zähne ausgebissen haben und dessen Liste mit Sekundärtexten Bibliotheken füllt, ein weiteres – diesmal akustisches – Dokument hinzuzufügen. Vielmehr galt es, eine illustre Schar von »Experten des Alltags« zu versammeln und sie selbst über ihre höchst eigenen Erfahrungen mit diesem ökonomischen Standardwerk berichten zu lassen. Die Jury, die *Rimini Protokoll* für dieses Stück den Hörspielpreis der Kriegsblinden zuerkannte, würdigt in ihrer Begründung das mutige Unterfangen, ein Buch als Spielvorlage zu wählen, »das jeder kennt und kaum einer gelesen hat«, um dann auf jene »Experten des Alltags« zu sprechen zu kommen, die die Gruppe bei ihren Recherchen zu diesem Jahrhundertbuch gefunden hat: »Der eine hat es gründlich studiert, die andere damit geheizt. Ein Wissenschaftler, ein blinder Plattensammler, ein früherer Maoist, ein Gewerkschafter, eine Prostituierte und andere erzählen von Habenwollen und Spielsucht, Anlagebetrug, von Menschen als Ware, Fetischen, vom Arbeitsalltag, vom Marxwein aus Trier, von Neokapitalismus und alter Ausbeutung.« Dieses Konzert authentischer Stimmen habe die Gruppe »zu einem provokanten und zugleich kulinarischen Radio-Erlebnis« verwoben, in dem »Brüche, Zusammenstöße, absurde Beziehungen und eine hintergründige Komik entstehen«.[30]

Mit Interventionen im öffentlichen Raum und der Aufhebung der Grenzen zwischen einem Publikum, das passiv bleibt, und Akteuren, die aktiv an der Entstehung und Umsetzung eines Stücks mitwirken können, hat sich das Hörspiel neue Aktionsfelder erschlossen. Zudem haben sich in Dramaturgie und Dialog Einflüsse der spezifischen Podcast-Rhetorik geltend gemacht, die den Stücken eine offene Form, Unmittelbarkeit und eine spontane Anmutung verliehen haben. Diese Faktoren haben wesentlich daran mitgewirkt, dass die Konjunktur des Hörens in den letzten Jahren einen signifikanten Aufschwung genommen hat. Dazu trägt die Öffnung des Hörspiels ebenso bei wie die kreative Entwicklung vielfältiger künstlerischer Positionen, wie

---

30 https://www.hoerspielundfeature.de/hoerspiel-karl-marx-und-die-experten-des-alltags-karl-marx-100.html, verifiziert am 26.06.2022.

sie in der Radio-Art oder in der akustischen Kunst zu beobachten sind. Diese Aktionsfelder brauchen neue Räume. Neben den öffentlich-rechtlichen Radiosendern, die mit ihren Produktionsteams die Studios verlassen haben, ist es vor allem die freie Hörspielszene mit ihren unabhängigen Festivals und ihren kreativen Ideen in der Erschließung zusätzlicher Abspielstätten, die diese Entwicklung befördert hat.

Noch sind die öffentlich-rechtlichen Sender Marktführer auf dem Feld des Hörspiels und der akustischen Kunst, doch diese Position wird zunehmend schwächer. Daran arbeiten die Sender selbst mit. »Der Trend zum auditiven Erzählen, der sich beispielsweise beim Berliner Hörspielfestival für das freie Hörspiel daran zeigte, dass 40 Prozent mehr Stücke eingereicht wurden als 2020, scheint an den Sendeanstalten vorbeizugehen«, beobachtet der Hörspielkritiker Jochen Meißner und fährt fort: »Mehrere Landesrundfunkanstalten produzieren nicht einmal mehr ein neues Stück im Monat. Nach den Zahlen des Deutschen Rundfunkarchivs wurden 2020 von allen Landesrundfunkanstalten und von Deutschlandradio 502 Stücke produziert, 2005 waren es 743, und 1990 waren es noch 964 (inklusive 226 Produktionen des Rundfunks der DDR).«[31]

---

31 https://hoerspielkritik.de/ein-petitesse-und-viel-prekaeres-das-hoerspieljahr-2021/.

In diesen Leerraum stoßen derweil von der Peripherie immer mehr freie Produktionsteams vor, die sich den Umstand zunutze machen, dass mit der Digitalisierung und dem Internet auch das Monopol der etablierten Sender an der Herstellung und Verbreitung von qualitativ hochwertigen akustischen Produktionen hinfällig geworden ist. Der Abstand zwischen denen, die senden, und denen, die empfangen, wird jedenfalls zunehmend geringer. Die Aufrüstung der Smartphones zu mobilen und flexibel einsetzbaren Sende-, Empfangs- und Produktionseinheiten arbeitet an der Verkürzung dieses Abstands kräftig mit.

Mit einem Rundfunk, der die Weichen für den nonlinearen Betrieb gestellt hat, bei dem unabhängig von Ort und Zeit verschiedene Programmanteile aufgerufen werden können, ist das Hören zu einer ubiquitären Tätigkeit geworden. Die Medienforschung geht davon aus, dass bis zum Jahre 2030 der Abruf non-linearer Medienangebote das klassische Modell des Einschaltradios überholt haben wird. Ein Programmschema, dessen Zeitplan den Alltag der Hörerinnen und Hörer strukturiert, gehört dann der Vergangenheit an. Sie entscheiden selbst, was sie wann und wo hören wollen. Ein Radioprogramm, das (ver)bindet, das eine – wenn auch nur – imaginäre Gemeinschaft von Hörerinnen und Hörern herstellt, die im selben Augenblick dasselbe tun, wird es in Zukunft nicht mehr geben.

Das Hören non-linearer Programme ist eine selbstbestimmte und individuelle Tätigkeit um den Preis einer disparaten Struktur des Publikums.[32]

»Der neue Mensch«, von dem der Dadaist Richard Huelsenbeck 1917 befand, er sei »der Gott des Augenblicks«,[33] ist im digitalen Zeitalter zum Athleten der Simultaneität geworden. Wie ein Meisterjongleur muss er Dutzende von Tellern, die auf Stäben rotieren, ohne dass sie zu Boden stürzen, gleichzeitig in der Luft halten. Hier muss das Wort Augenblick im Plural gelesen werden. Bereits in den Avantgarden des frühen 20. Jahrhunderts wurden auf der Spur der modernen Informations- und Nachrichtenmedien Wahrnehmungsformen erprobt, in denen eine Kunst, die primär an Bedeutungen, Botschaften oder Symbolen orientiert war, mit den Herausforderungen einer sensualistischen Rezeption konfrontiert wurde, die das Umschalten von einer suk-

---

32 Was dieses Publikum zu hören bekommt, kann im Zeichen von Programmen, die nahezu alle Töne, Stimmen und Geräusche zu *faken* imstande sind, nicht mehr auf der sicheren Seite verbucht werden. Die Kehrseite der schönen neuen Hörwelt hat Peter Sloterdijk bereits in den Blick genommen, als Hörerinnen und Hörer noch nicht zu Usern geworden waren: »Ich weiß nicht, wieviele Tasten zu drücken sind, aber es ist sicher, dass nach einigen Operationen am akustischen Computer die Stimme von Adolf Hitler die Bergpredigt rezitieren wird, ein Chor von Schakalstimmen heult die achte Duineser Elegie, eine Steelband trommelt die Neunte Symphonie.« Sloterdijk, Peter, *Vergesellschaftung durch das Ohr* a. a. O.

33 http://dadasurr.blogspot.com/2014/10/richard-huelsenbeck-der-neue-mensch.html, verifiziert am 26.06.2022.

zessiven oder linearen Abfolge der Wahrnehmung auf eine synthetisierte oder simultane Perspektive zu ihrem Gegenstand gemacht hatte. Die Collagen von Kurt Schwitters, Picasso oder Braque gehören ebenso in diesen Kontext wie die Bilder des Malers Umberto Boccioni, der dem Kreis der italienischen Futuristen entstammte und Maltechniken entwickelte, um die verschiedenen Phasen eines Bewegungsablaufs auf die Leinwand zu bringen. Die Augen sollten Synthesen schaffen, die das Prinzip der sukzessiven oder linearen Wahrnehmung überwinden.

Aber auch die Ohren sollten für die simultane Wahrnehmung geöffnet werden. Der Experimentalfilm-Regisseur Walter Ruttmann, der mit seinem Film *Berlin – Symphonie einer Großstadt* (1927) Berühmtheit erlangte, schuf drei Jahre später eine Toncollage mit dem Titel *Weekend*, in der er Remix-Techniken und Samplings verwendete, wie sie heute *state of the art* sind. Ruttmann selbst bezeichnete seine akustische Montage als »photographische Hörkunst«. Dafür hatte er das Tonprotokoll eines ganz normalen Berliner Wochenendes aufgezeichnet. »Beginnend mit einem Feierabend am Samstag Abend bis zum erneuten Arbeitsbeginn am darauffolgenden Montag Morgen hatte er allerlei Klänge des Berliner Stadtgeschehens zusammengetragen. Er bannte diese ›found sounds‹, also vorgefundene Klänge wie Taubengurren, Straßenlärm oder Gesprächsfetzen auf das Zelluloid der kurz zuvor eingeführten Lichttontechnologie. Mit der Schere schnitt er einzelne Tonfragmente heraus und klebte sie in neuem Arrangement wieder zusammen.«[34] So entstand ein frühes Werk der akustischen Kunst, das einer auf simultane Wahrnehmung zielenden Montage verpflichtet war und heute Kultstatus besitzt. Simultaneität wurde ein Schlüsselbegriff der Epoche, und das mit globalen Empfangskapazitäten ausgestattete Medium Radio, in dem sich die Stimmen und Klänge der Welt gleichzeitig versammelten, wurde zum Movens und Modell dieser Entwicklung. Im Zeichen von Podcast und nonlinearem Hören erfährt dieser Prozess unter anderen Vorzeichen eine Fortsetzung. Mit den neuen Formen der Intervention im öffentlichen Raum, wie sie das zeitgenössische Hörspiel entwickelt hat, wird der Aspekt Simultaneität um Strategien der Einbindung von Hörerinnen und Hörern in das Aktionsfeld akustischer Kunst erweitert.

Das Hören prägt die individuellen Erfahrungen jedes Einzelnen schon im Mutterleib. Später lehrt uns die Erfahrung, dass die Ohren permanent auf Empfang geschaltet bleiben und sich nicht verschließen lassen. Aber man kann das Radio abschalten. Für Adorno stellte »die Möglichkeit, mit einem Handgriff den Strom von Rede und Musik zum Verstummen zu bringen« einen autonomen Akt

34 https://museum.rechtaufremix.org/exponate/walter-ruttmann-weekend/, verifiziert am 26.06.2022.

»von besonderer Wichtigkeit« dar.[35] Also folgen
wir Adornos Hinweis und legen den Finger auf die
Off-Taste. Da dringt von Ferne noch eine Stimme
an unser Ohr, die sich auf der Frequenz von Radio
Delphi meldet, »aus der ekstasehöhle / eine frauen-
stimme, richtig krass. / wozu bespannung stark /
vibriert. der stoff erzittert (...) geh erzähl! knarzt
es, / geh übern sender (...) fading, schwund, wel-
len- / getriller (...) und das wars.«[36]

---

35 *Frankfurter Adorno Blätter VII*, a. a. O. (vgl. Fußnote 10, S. 18).
36 Thomas Kling, *Die letzte Äußerung des delphischen Orakels II*,
in: *Sondagen*, Hg. Marcel Beyer, Berlin 2020: Suhrkamp Verlag,
hier zit. nach: *Frankfurter Anthologie*, Frankfurter Allgemeine Zeitung 6.11.2021 mit einem Kommentar von Frieder von Ammon.

Danksagung

DER Autor dankt allen, die ihn in seinen eigenen Radiozeiten freundschaftlich begleitet haben. Namentlich seien erwähnt Friederike Fecht, Eike Gebhardt, Marlis Gerhardt, Christiane Meyer, Hans Burkhard Schlichting, Matthias Spranger und Wolfram Wessels.

Literaturverzeichnis

Arnheim, Rudolf, *Rundfunk als Hörkunst*. Mit einer neuen Einleitung des Verfassers. Carl Hanser Verlag, München 1979.

Bachmann, Ingeborg, *Die Radiofamilie*, Hg. Joseph McVeigh. Suhrkamp Verlag, Berlin 2011.

Benn, Gottfried, *Sämtliche Werke*, Stuttgarter Ausgabe. Klett Cotta, Stuttgart 2001.

ders., *Absinth schlürft man mit Strohhalm, Lyrik mit Rotstift, Ausgewählte Briefe 1904–1956*, Hg. Holger Hof. Klett Cotta, Stuttgart/Wallstein Verlag, Göttingen 2017.

ders., *Das Hörwerk 1928–1956*, Hg. Robert Galitz/Kurt Kreiler/Martin Weinmann. Verlag Zweitausendeins, Frankfurt/Main 2004.

ders., *Briefe an F. W. Oelze 1945–1949*. Klett Cotta, Stuttgart 1979.

Benn, Gottfried/Schneider, Reinhold, *Soll die Dichtung das Leben bessern?* Zwei Reden gehalten am 15. November 1955 im Rahmen einer öffentlichen Diskussion im Kölner Funkhaus. Limes Verlag, Wiesbaden 1956.

Beyer, Marcel, *Flughunde*. Suhrkamp Verlag, Frankfurt am Main 1995.

Bloch, Ernst, *Das Prinzip Hoffnung*. Erster Band. Suhrkamp Verlag, Frankfurt am Main 1974.

Böll, Heinrich, *Doktor Murkes gesammeltes Schweigen*,

in: *Werke. Romane und Erzählungen 2 1953–1959*,
Hg. Bernd Balzer. Kiepenheuer und Witsch,
Köln 1987.

ders., *Briefe aus dem Krieg 1939–1941*, Hg. Jochen
Schubert. Kiepenheuer und Witsch, Köln 2001.

Boll, Monika, *Nachtprogramm. Intellektuelle Gründungsdebatten im frühen Nachkriegsradio*. LIT Verlag, Münster 2004.

Bollinger, Luis/Obschlager, Walter/Schütt, Julian
(Hg.), *jetzt: max frisch*. Suhrkamp Verlag, Frankfurt am Main 2001.

Brecht, Bertolt, *Der Rundfunk als Kommunikationsapparat*, in: Gesammelte Werke in 20 Bänden,
Bd. 18. Suhrkamp Verlag, Frankfurt am Main
1976.

Cheever, John, *Das grauenvolle Radio,* in: Amerikanische Short Stories des 20. Jahrhunderts, Hg.
Günter H. Lenz. Philipp Reclam jun., Stuttgart
1998.

Dahl, Peter, *Radio. Sozialgeschichte des Rundfunks für
Sender und Empfänger*. Rowohlt Verlag, Reinbek
1983.

Diller, Ansgar, *Rundfunkpolitik im Dritten Reich*. dtv,
München 1980.

Döhl, Reinhard, *Über Bertolt Brechts »Der Flug der
Lindberghs« (Ozeanflug)*. https://www.reinhard-
doehl.de/forschung/brecht1.htm.

ders., *Walter Benjamins Rundfunkarbeit*. https://
www.stuttgarterschule.de/benjamin.htm.

Frahm, Ole, *Stimmen hören. Radio und Schizophrenie*.

Ein Funk-Essay. Bayerischer Rundfunk 08.06. 2004: Nachtstudio.

Frei, Norbert/Schmitz, Johannes, *Journalismus im Dritten Reich*. C. H. Beck, München 1989.

Friemert, Chup, *Radiowelten. Zur Ästhetik der drahtlosen Telegrafie*, Schriftenreihe der Hochschule für Gestaltung Karlsruhe. Cantz Verlag, Stuttgart 1996.

Frisch, Max, *Orchideen und Aasgeier* sowie *Begegnungen mit Negern*, in: Gesammelte Werke in zeitlicher Folge 1968–1975, Werkausgabe in zwölf Bänden, Sechster Band. Edition Suhrkamp, Frankfurt am Main 1976.

ders., *Amerika*, Hg. Volker Hage. Insel Verlag, Berlin 2011.

ders., *Tagebuch 1966–1971*. Suhrkamp Verlag, Frankfurt am Main 1972.

ders., *Montauk*, in: Gesammelte Werke in zeitlicher Folge 1968–1975, Werkausgabe in zwölf Bänden, Zwölfter Band. Edition Suhrkamp, Frankfurt am Main 1976.

ders., *Jetzt ist Sehenszeit. Briefe, Notate, Dokumente 1943–1963*, Hg. Julian Schütt. Suhrkamp Verlag, Frankfurt am Main 1998.

Haedecke, Gert (Hg.), *Kulturradio. Erinnerungen und Erwartungen*. Pahl-Rugenstein Verlag, Bonn 1996.

Hagen, Wolfgang, *Das Radio. Zur Geschichte und Theorie des Hörfunks – Deutschland/USA*. Wilhelm Fink Verlag, München 2005.

Hartel, Gaby/Goerke, Marie Luise, *Choreographie des Klangs – Zwischen Abstraktion und Erzählung.* Vandenhoek & Ruprecht, Göttingen 2015.

Heidegger, Martin, *Sein und Zeit.* Max Niemeyer Verlag, Tübingen 1967.

Höfer, Werner, *Mein Radio,* in: Der Monat, März 1971.

Hörisch, Jochen, *Eine Geschichte der Medien. Von der Oblate zum Internet.* Suhrkamp Verlag, Frankfurt/Main 2004.

Horkheimer, Max/Theodor W. Adorno, *Dialektik der Aufklärung. Philosophische Fragmente.* S. Fischer Verlag, Frankfurt 1971.

Kienholz, Edward/Reddin Kienholz, Nancy, *Medien-Macht-Manipulation.* Verlag Gerd Hatje, Stuttgart/Bad Cannstatt 1987.

Kittler, Friedrich, *Grammophon Film Typewriter.* Verlag Brinkmann & Bose, Berlin 1986.

Kleist, Heinrich von, *Über die allmähliche Verfertigung der Gedanken beim Reden*, Werke in einem Band, Hg. Helmut Sembdner. C. Hanser Verlag, München 1966.

Kling, Thomas, *Die letzte Äußerung des delphischen Orakels II*, in: *Sondagen*, Hg. Marcel Beyer. Suhrkamp Verlag, Berlin 2020.

Krabiel, Klaus-Dieter: *Der Lindberghflug/Der Flug der Lindberghs/Der Ozeanflug*, in: Jan Knopf: *Brecht-Handbuch Bd. 1.* J. B. Metzler, Stuttgart 2001.

Krass, Stephan, *Subjektiv, experimentell, ergebnisoffen.*

60 Jahre Radio-Essay, in: epd medien, Heft 43, 23. Oktober 2015, Frankfurt am Main.

ders. (Hg.), *Theodor W. Adorno, Gespräche* (mit Ernst Bloch, Max Horkheimer und Eugen Kogon, Elias Canetti, Lotte Lenya, Arnold Gehlen, Hans Mayer), 6 Audio-Cassetten. Carl Auer Systeme Verlag, Heidelberg 1999.

ders., *Der Rezensionsautomat. Kleine Betriebsanleitung für Kritiker und Leser*, Schriftenreihe der Staatlichen Hochschule für Gestaltung Karlsruhe, Hg. Peter Sloterdijk, Band 7. Wilhelm Fink Verlag, München 2011.

ders., *Die Spur der Buchstaben. Alphabet, Blaupause, Code*. Steidl Verlag, Göttingen 2021.

Kutsch, Arnulf, *Rundfunkwissenschaft im Dritten Reich. Geschichte des Instituts für Rundfunkwissenschaft der Universität Freiburg*. K. G. Saur, München/New York/London/Paris 1985.

Lentz, Michael (Hg.), *Himmel Hörspiel*, Neue Rundschau, Heft 3/2019. S. Fischer Verlag, Frankfurt am Main.

Lerner, Ben, *Die Topeka Schule*. Suhrkamp Verlag, Berlin 2020.

Lück, Hartmut, *Karlrobert Kreiten*, in: *Lexikon verfolgter Musiker und Musikerinnen der NS-Zeit*, Hg. Claudia Maurer Zenck/Peter Petersen. Universität Hamburg 2013.

Mauch, Christoph, *Schattenkrieg gegen Hitler. Das Dritte Reich im Visier der amerikanischen Geheimdienste 1941–1945*. DVA, Stuttgart 1999.

Meißner, Jochen, »*Get this, Charlie! Get this, Charlie!*« *oder die Glaubwürdigkeitsreserven des Radios*, in: Journal der Künste, Heft 13, Deutsche Ausgabe, Berlin Juni 2020.

ders., *Das Prinzip Live – Krieg im Hörspiel*, in: *Krieg in den Medien*, Hg. Heinz-Peter Preußer. Editions Rodopi, Amsterdam/New York 2005.

ders., *Schallgestalten in bilderlosen Räumen oder Wie Friedrich Knilli den Deutschen das Hörspiel aus dem Kopf schlug. Eine kleine Mediengeschichte des Hörspiels in 10 Missverständnissen.* Deutschlandradio Kultur, 07.08.2011.

Oken, Lorenz, *Lehrbuch der Naturphilosophie*, 2. umgearbeitete Auflage. Jena 1831.

Picard, Max, *Die Welt des Schweigens.* S. Fischer Bücherei, Frankfurt/M. und Hamburg 1959.

Rübenach, Bernhard, *Pausenzeichen als Wegweiser.* SWF Journal 2/89, Baden-Baden.

Schäfer, Barbara/Pellegrino, Antonio (Hg.), *Nachtstudio. Radioessays.* belleville Verlag Michael Farin, München 2008.

Schildt, Axel, *Medien-Intellektuelle in der Bundesrepublik.* Wallstein Verlag, Göttingen 2020.

Schmölders, Claudia, *Die Stimme des Bösen. Zur Klanggestalt des Dritten Reiches*, in: Merkur, Deutsche Zeitschrift für europäisches Denken, Heft 581, August 1997.

dies., *Stimmen von Führern. Auditorische Szenen 1900–1945*, in: *Zwischen Rauschen und Offenbarung. Zur Kultur- und Mediengeschichte der Stimme*, Hg.

Friedrich Kittler/Thomas Macho/Sigrid Weigel. Akademie Verlag, Berlin 2002.

Schneider, Irmela (Hg.), *Radio-Kultur in der Weimarer Republik*. Eine Dokumentation. Gunter Narr Verlag, Tübingen 1984.

Schrage, Dominik, *Psychotechnik und Radiophonie. Subjektkonstruktionen in artifiziellen Wirklichkeiten 1918–1932*. Wilhelm Fink Verlag, München 2001.

Schwartz, A. Brad, *Broadcast Hysteria: Orson Welles's ›War of the Worlds‹ and the Art of Fake News*. Hill & Wang, New York 2015.

Scott Berg, Andrew, *Charles Lindbergh. Ein Idol des 20. Jahrhunderts*. Blessing Verlag, München 1998.

Sloterdijk, Peter, *Vergesellschaftung durch das Ohr. Das soziale Band der Audiophonie*, SWR2 Essay 10.01.2011.

Stephan, Cora, *Alte Zöpfe, gut ausgekämmt*, in: *Kulturradio. Erinnerungen und Erwartungen,* Hg. Gert Haedecke, Pahl-Rugenstein Verlag, Bonn 1996.

Stern, Günther, *Spuk und Radio,* in: Anbruch. Monatsschrift für moderne Musik, XXII. Jahrgang, Heft 2, Februar 1930.

Suckow, Reiner, *Eine Prise Funkgeschichte. Fünfzig Geschichten aus hundert Jahren Rundfunk*. edition q im be.bra verlag, Berlin 2020.

Teige, Karel, *Liquidierung der »Kunst«*. Suhrkamp Verlag, Frankfurt am Main 1968.

Tiedemann, Rolf (Hg.), *Frankfurter Adorno Blätter VII*. edition text + kritik, München 1992.

Tschandl, Jakob, *Das Auge am Marktgeschehen – Die Lorenz-Röhre und der Sieg nach 1945*, in: *Fliegen und*

Funktechnik. Die Flugzeugfabrik der Luftwaffe Berlin Tempelhof 1933–1945, Hg. Marcus Popplow/Beate Winzer. Universitätsverlag der TU Berlin, Berlin 2018.

Uzanne, Octave, *Das Ende der Bücher* (ein Auszug aus *Geschichten für Bibliophile*, 1894), argon hörbuch, gelesen von Friedhelm Ptok, mit einem Nachwort von Jochen Hörisch, 2 CDs, Berlin 2021.

Walser, Martin, *Geburtstag einer Oase*, in: *Kulturradio. Erinnerungen und Erwartungen*, Hg. Gert Haedecke, Pahl-Rugenstein Verlag, Bonn 1996.

Weibel, Peter, *Radio Art as Media Art*. http://www.cosound.de/de/programm

Wessels, Wolfram, *»Das Hörspiel bringt...«* Eine Geschichte des Hörspiels im Südwestfunk, Veröffentlichungen zum Forschungsschwerpunkt Massenmedien und Kommunikation an der Universität-Gesamthochschule Siegen, MuK 69, Siegen 1991.

Wondratschek, Wolf, *Gebt die Frequenzen frei*, in: *Kulturradio. Erinnerungen und Erwartungen*, Hg. Gert Haedecke, Pahl-Rugenstein Verlag, Bonn 1996.

Zeising, Andreas/Beimdieke, Sara, *Gemäßigte Revolte. Junge Dichter und Komponisten der Novembergruppe im Berliner Hörfunk 1925*, in: *Freiheit. Die Kunst der Novembergruppe 1918-1935*, Hg. Thomas Köhler/Ralf Burmeister/Janina Nentwig. Prestel Verlag, München/London/New York 2019.

2022
zu Klampen Verlag
Röse 21 · D-31832 Springe
info@zuklampen.de · www.zuklampen.de

❧

Reihenentwurf: Martin Z. Schröder, Berlin
Satz: textformart, Göttingen
Gesetzt aus Baskerville Ten
Druck: CPI – Clausen & Bosse, Leck

❧

ISBN 978-3-86674-834-7

❧

Bibliographische Information der
Deutschen Nationalbibliothek:
Die Deutsche Nationalbibliothek
verzeichnet diese Publikation in der
Deutschen Nationalbibliographie;
detaillierte bibliographische Daten
sind im Internet abrufbar:
http://dnb.d-nb.de